TÉMOIGNAGES HISTORIQUES,

ou

QUINZE ANS DE HAUTE POLICE

sous

NAPOLÉON,

PAR M. DESMAREST,

CHEF DE CETTE PARTIE

PENDANT TOUT LE CONSULAT ET L'EMPIRE.

Procubuit, majorque acens apparuit.

LECAIN.

PARIS,

ALPHONSE LEVAVASSEUR, LIBRAIRE,
RUE DE CHOISEUL, 9.

BOUSQUET, LIBRAIRE,
PALAIS-ROYAL.

—

1833.

sante, stylée pour les lieux d'où l'on a
le factum électoral de Saint-Yrieix; ma
bien positivement que la morgue ora
M. Girardin n'a peur que d'une chose..
courir la disgrâce des ministres, en ne
fant pas assez pour eux?.. — Non. M.
craint de mériter la jalousie de M. Thie
phistiquant plus drôlement que lui.

M. Marc Girardin rappelle trop c
tie perdue de la jeunesse qui, desti
toute foi et de toute élévation, a troqu
prit pour la livrée du pouvoir, et la
honnête des lettres pour un peu de pui
d'or. Cette littérature vénale, gonflée
tentions historiques, date du ministèr
gnac; elle est entretenue par les fo
crets de l'Instruction publique; elle
les boulevarts et dans les antichaml
luxe mercenaire et sa verdeur gâtée.
vous, jeunes hommes, vous pouviez
princes de l'intelligence française; et v
mieux aimé être les valets de ses oppres

Les pires choses ont leurs antécéden
que le *Journal des Débats* donnât à
Girardin d'abord la suppléance histo
M. Guizot, puis la chaire de poésie
d'où ce pauvre M. Laya est tombé sa

TÉMOIGNAGES HISTORIQUES.

IMPRIMERIE DE MADAME VEUVE POUSSIN,
RUE ET HÔTEL MIGNON, 2 r.

TÉMOIGNAGES
HISTORIQUES,

OU

QUINZE ANS DE HAUTE POLICE

SOUS

NAPOLÉON,

PAR M. DESMAREST,

CHEF DE CETTE PARTIE

PENDANT TOUT LE CONSULAT ET L'EMPIRE.

Procubuit, majorque acens apparuit.

LECAIN.

PARIS,

ALPHONSE LEVAVASSEUR, LIBRAIRE,
RUE DE CHOISEUL, 9.

BOUSQUET, LIBRAIRE,
PALAIS-ROYAL.

—

1833.

A LA MÉMOIRE
DE NAPOLÉON,

ET

A QUICONQUE FERA MIEUX QUE LUI

DANS

DES CIRCONSTANCES AUSSI FORTES.

NOTICE
SUR L'AUTEUR.

M. Desmarest (Pierre-Marie), né à Compiègne le 11 mars 1764, a fait ses études avec distinction au collége Louis-Le-Grand. Il les terminait quand la révolution a éclaté.

Au commencement de 1793, il partit comme volontaire pour l'armée du Nord, où il s'enrôla simple soldat dans le premier bataillon de la Charente qui, après plusieurs combats, fut enfermé dans Valenciennes. M. Desmarest a publié, à sa sortie de cette place, un *Précis historique* du siége, ouvrage cité dans le Recueil de *Victoires et Conquêtes*.

La garnison de Valenciennes, prisonnière sur parole, ne pouvant plus servir contre l'ennemi extérieur, fut envoyée sur Lyon et la Vendée; M. Desmarest quitta cette carrière de guerre civile et accepta une mission du ministère de la justice, pour rétablir les tribunaux de la Gironde et faire régulariser les jugemens rendus dans les troubles précédens. Cette mission n'ayant pour objet que la forme des actes, n'a froissé aucun individu et a été, pour ainsi dire, inaperçue dans le département.

En 1749, il fut nommé l'un des administrateurs généraux des hospices civils et militaires, d'où il passa à la *Commission du commerce et approvisionnement*.

Employé en 1795 au service des vivres de l'armée des Alpes, il en était agent en chef, lorsqu'il fut appelé, au 18 brumaire (octobre 1799), auprès de M. Fouché, alors ministre de la police générale, qui lui confia la direction du travail relatif à la sûreté de l'état; il a conservé, dans cet emploi délicat, la confiance des divers ministres qui se sont succédés et celle de l'empereur lui-même, qui l'honora constamment d'une confiance particulière ; au mois d'août 1810, il en reçut la décoration de la Légion-d'Honneur.

En avril 1814, ayant cessé d'être employé, il se retira dans une campagne, près Compiègne. Un commissaire envoyé de Paris vint pour l'y arrêter le 15 mars 1815, et n'y parvint pas.

Après le 20 mars, le duc d'Otrante le rappela de nouveau à son ministère ; et l'arrondissement de Compiègne le nomma député à la chambre des représentans. La direction dont il était chef fut supprimée à la fin de juillet 1815, et il rentra dans la solitude de la vie intérieure, se livrant à l'étude des sciences et des lettres avec la même ardeur de travail qu'il avait portée dans l'administration.

Inutilement pendant cette longue retraite, la réputation si bien acquise d'employé habile autant qu'intègre lui valut des chances et même de hautes propositions d'activité : il les repoussa toutes. S'entourant de ses notes et de ses souvenirs, il préféra, dans le repos et la contemplation désintéressée des événemens politiques, rédiger, sur les faits en grande partie compris dans son action administrative, les morceaux qu'on va lire.

Les dix-huit premiers étaient terminés entièrement et par lui destinés à l'impression. Celui intitulé *Louis XVIII et Monsieur Bonaparte* ne se trouvait pas dans la table générale qu'il en avait dressée de sa main, non plus que le dernier relatif au baron de Kolli, dont nous n'avons trouvé qu'une ébauche à peine achevée. Cependant nous remarquons que son intention devait être de le comprendre dans cette publication, puisque, par une note, il est vrai très récente, il y fait allusion vers la fin de l'introduction qui suit. Nous les avons imprimés l'un et l'autre, persuadés que le public y trouvera tout autant d'intérêt que dans les articles qui les précèdent. Au reste, ils complètent les révélations que M. Desmarest avait l'intention de faire, et qu'il eût faites sans doute, avec plus de précision, si une mort presque subite ne fût venue l'enlever à ses travaux et aux plus douces jouissances de la vie privée. Dans sa soixante-neuvième année, jouissant, avec une plénitude rare, à cet âge, des dons d'une mémoire étonnante et d'une grande activité d'esprit, il fut atteint par le choléra, et mourut après six heures de maladie, le 4 avril 1832, entouré de sa famille et malgré le dévoûment de son fils, jeune docteur plein d'avenir, qui, bientôt frappé du même mal, devait le suivre de si près.

 **INTRODUCTION.**

Je n'écris pas *mes Mémoires*, car je n'ai de mon chef ni agi, ni ordonné. Mais mon office m'a immiscé dans des crises importantes, ayant leurs foyers à l'intérieur et à l'étranger. J'ai manié des ressorts d'où dépendaient la fortune et l'existence de Napoléon; et cela, dès le commencement du consulat jusqu'à la fin de l'empire, sans interruption sous tous les ministres qui se sont succédés à la police générale. J'y ai fait mon apprentissage, et voué sans réserve mon travail de quinze ans; c'est toute ma carrière.

J'appelle ceci *Témoignages*, rapportant comme témoin tout ce que j'ai vu ou su dans une position, où la pensée même des chefs ne m'était point cachée. La qualification d'*Historiques* convient à la gravité que je m'impose, et au but où je tends d'ajouter quelques traits à la grande esquisse déjà tracée du caractère et du règne de Napoléon.

Toutefois, que l'on ne s'attende pas

à de profonds secrets; d'abord, parce qu'ils ne m'appartiendraient point, et puis, il n'y a pas autant de mystères dans un gouvernement qu'on se l'imagine. Les choses publiques, comme celles de la vie privée, ne sont pas sans quelque réserve. L'histoire a aussi ses délicatesses; et repaître le monde de personnalités n'est pas un titre à son estime. Elles sont, d'ailleurs, trop faciles et peu équitables, après tant de secousses qui ont mis les personnes et les actes en position forcée ou à faux jour.

Mais, en me refusant à la malignité, je puis satisfaire une juste curiosité par des faits nouveaux ou par la liaison d'un ensemble qui éclaire et fixe les faits déjà connus. Ce que j'écris est la partie non publiée de certains événemens. Les lacunes que j'y remplis, compléteront les notions éparses qu'on en a eu d'ailleurs. Je me suis tenu à ce que j'ai vu par moi-même, ou su de première main, et autant que possible à ce que j'ai senti sur place. Loin de former de toutes pièces mes témoignages, ou de les retremper après coup, j'ai cherché à rester contemporain, en m'interdisant toute réminiscence de ce que les livres et les salons ont pu fournir depuis; aperçus estimables, sans doute, mais que j'ai écartés comme n'étant point miens.

Comment se rendre l'écho des souvenirs d'autrui? Les nôtres sont si incertains dans leur principe, si variables avec les temps, l'âge et la position! Quand les choses que nous avons vues sont devenues de l'histoire, notre mémoire a subi aussi des transformations insensibles. Nous appelons toujours cela nos souvenirs, et j'ai plus d'une preuve que l'on se fait presque à son insu de nouveaux souvenirs, comme aussi l'on se défait des anciens.

Je ne serai pas exempt de ces défauts, du moins je n'ai pas eu besoin de forger ou enfler ma matière par des emprunts. Là où je fus placé, je l'ai eue assez ample, et toute à la main. Je m'attends plutôt au reproche de n'avoir pas tout dit; on a vu que je l'accepte.

Je ne me défends pas non plus de quelque partialité; qui peut faire abstraction complète de soi, et se dépouiller de ses sentimens? J'avais tout vu du dedans, par conséquent, sous de certaines couleurs particulières. Mon éloignement des affaires a dû rectifier ma vue, d'autant qu'il fut libre, sans chagrin ni amertume, mais non sans regret à des illusions qui n'étaient pas, je l'affirme, celles du pouvoir ou de la richesse. Il m'en est resté cette pensée bien fixe, c'est que, comme Napoléon ne fut pas seulement un distributeur de cordons et d'argent, aussi il y eut autour de lui d'autres sentimens et d'autre vertu que de tendre la main.

Voilà au fond ma partialité, quoique je ne prenne aucun soin apparent pour faire valoir ou excuser, soit Napoléon, soit sa police. L'on n'en veut plus guère au premier, sinon les royalistes, de ce qu'il n'a pas fait lui-même la restauration, et les autres de ce qu'avec l'empire, il a trop préparé la restauration.

Ces deux reproches ensemble sont assez légers à supporter. Quant à la police, l'on s'est accusé, après 1814, de beaucoup plus de choses qu'elle n'en a su découvrir et réprimer. Au milieu de tant de méfaits, non aperçus par elle, ou restés impunis, où donc serait l'excès de sa surveillance ou de ses rigueurs? à moins que son sort ne soit d'avoir résisté aux attaques qu'elle a connues.

Il faut pourtant dire quelque chose de cette police, dont l'action va se montrer ici. Je ne parlerai pas de son organisation et de ses moyens; je ne plaiderai pas sur sa convenance, sur son utilité ou ses dangers comme pouvoir dans l'état; thèse vague, comme celle d'une armée permanente, d'un clergé et de tant d'autres questions de l'école politique!

L'Angleterre, dit-on, est purgée de police. Mais elle a contre les brouillons étrangers son *Alien-Bill*; contre les nationaux la suspension de l'*Habeas corpus*; et les *bills d'indemnité* aux ministres pour leurs mesures extra-légales; et ces nombreux constables improvisés pour toute occasion de trouble local, et enfin cet esprit national qui fait partout de chaque Anglais un observateur au profit de son pays.

Mais, pour rester dans les bornes précises de mon sujet, on doit admettre comme un fait l'avénement de Napoléon au pouvoir suprême, non en Marius ou Sylla, mais si l'on veut comme César ou Auguste, moins leurs guerres civiles et leurs proscriptions. Un autre fait, c'est que s'il s'efforçait de se séparer de la révolution, dont il était l'héritier, toutes les haines et les fureurs contre notre révolution se concentrèrent sur sa tête. En vain il se retrancha dans les formes d'un ordre politique plus assorti aux gouvernemens européens, on lui fit la guerre comme à la république et au directoire. Toujours les mêmes coalitions, qui, après lui, menaçaient encore la France nouvelle; mais de plus, on en vint à des attaques multipliées contre sa vie. Restes de jacobinisme, de chouanrie, d'émigration, de sociétés secrètes et d'illuminés d'Allemagne, il fallait bien dénombrer et tenir contrôle de toutes les forces destinées à faire cette guerre au corps. Il fallait s'armer de surveillance et de prévisions contre une permanence de complots et de troubles.

C'est là ce qu'a fait l'administration dont je fus chargé. Elle a rempli sa mission. Attentive et dévouée, mais simplement défensive, jamais provocatrice, elle n'a point rendu coups pour coups ; elle n'a suscité ni entretenu de mauvais fermens dans les familles ou les états des princes ennemis. Tandis que les libelles incendiaires, les armes et munitions, les émissaires de désordres, les assassins, enfin, étaient versés sur nos bords, pas une barque ne fut envoyée en Angleterre que pour aller à la découverte. J'ai vu à peine deux ou trois membres d'une réunion d'Irlandais réfugiés, et je ne crois pas que M. Clarke, ministre de la guerre, qui avait plus de rapports avec eux, s'en soit servi davantage.

Cela n'était point dans les voies de

l'empereur, qui a empreint ses guerres comme ses lois de force et de dignité.

Le même esprit s'est montré après lui, quand son armée et ses conseils furent deux fois licenciés, renvoyés sans nulle réaction ni désordre pour le pays. Voici un trait de cette probité; je le cite, parce qu'il peut se vérifier. Vers 1811, une proposition formelle de Vêpres Siciliennes contre les Anglais nous vint de Palerme. L'officier de marine, Napolitain, Muller d'Amélia, débarqua d'un bâtiment royal en Illyrie, auprès de M. le maréchal Marmont, qui le dirigea sur Paris. Il se disait envoyé par la reine Caroline, décidée alors à se délivrer à tout prix du joug britannique.

Pour toute réponse, le négociateur de massacres fut gardé au fort de Vincennes. Les alliés, qui l'en firent sortir en 1814, ont pu voir son écrou et les motifs de sa détention.

L'usage fut long-temps de préconiser tous les faiseurs de soulèvemens contre la France, et de décrier ceux qui les réprimaient d'office dans la ligne des moyens constitutionnels d'alors. On a même appelé cela depuis *persécuter les serviteurs du roi!* J'opposerai à un tel contre-sens deux faits assez notoires. La police était désarmée à l'égard des chouans, reçus à composition, quand leur explosion meurtrière éclata près des Tuileries (1800); et c'est après que Napoléon eut rompu son ministère de police (1803) que la plus forte des conspirations, celle des généraux Georges et Pichegru, fut décidée, et vint en armes cachées s'établir à Paris. Retenir le bras de meurtriers avoués, en livrer le moins possible aux rigueurs de la justice, faire grâce à plusieurs après la sentence. Quelle persécution !

Quelques mots de mon ouvrage et de sa composition.

C'est la substance des principales affaires d'état qui m'ont occupé depuis mon entrée au ministère, dix jours après le 18 brumaire, jusqu'à la restauration. Quoique traitées chacune à part, et seulement selon l'ordre des dates, l'unité et la liaison en sont évidentes.

La rentrée des émigrés et la soumission des agens de l'intérieur, furent ma première source d'instruction ; des communications libres avec eux, comme après une guerre, m'apprirent toute leur histoire passée, et la surveillance y trouva des points fixes pour la suite. De là, cette facilité à pressentir et à déjouer toute agression hostile de ce parti ; cette assurance à dénier celles qu'on venait faussement dénoncer ; et, enfin, ces détails précis sur les personnes, les faits, les localités, qui satisfaisaient à l'instant aux pressantes questions de Napoléon.

Ce fond ne put que s'augmenter par la correspondance générale et confidentielle et par une lutte continue, où chaque effort ennemi venait nous livrer de nouveaux élémens. Aussi, je préviens que ces mots : *la police*, dont je me servirai souvent, ne doivent point s'entendre d'une unité ou capacité individuelle quelconque, mais du système entier des fonctionnaires et agens publics, le ministre au centre, ayant en outre ses rapports sur les états étrangers.

Quand je commençai à écrire, en 1815, je ne voulais donner que cette partie secrète et intime qui manquait aux faits déjà connus; et de plus, j'écartais tout ce qui n'était pas d'un intérêt assez élevé. Mais, sur ces faits, presque oubliés de nous, et ignorés de la nouvelle génération, mes supplémens et annotations eussent été vagues. D'autre part, le goût présent est porté aux particularités anecdotiques; un trait, un mot, donnent parfois le caractère de la situation et des personnages. J'ai donc lié et nourri davantage mes premières rédactions; et j'ai pu y tempérer l'humeur polémique dont elles étaient d'abord empreintes.

La principale figure de mes tableaux est l'empereur. Cependant, je dois dire, contre l'opinion commune, que je ne l'ai approché que deux fois, et jamais aucun membre de sa famille. En 1803, appelé à Saint-Cloud, j'eus avec lui, ou plutôt de lui, une longue conversation, qui apparemment lui aura suffi. Pour moi, je n'en avais pas besoin. Chaque jour sa pensée, ses décisions, ses inspirations m'arrivaient, et mon bulletin ministériel du soir lui résumait le travail courant. C'est ce bulletin qui a accrédité l'idée fausse de mes communications directes et habituelles avec Napoléon.

Son mot d'ordre à la police était : « Surveillez tout le monde, excepté moi. »

Il ne voulait ni accord, ni composition de ses ministres entre eux, non plus qu'entre les autorités secondaires, préfets, généraux, clergé, gendarmerie. « Que chacun, disait-il, marche dans sa ligne, s'il y a choc, j'arriverai. » Quand le conflit était assez grave, il demandait toute la correspondance, et prononçait son opinion, motivée et surtout sans blâme. Il lui est arrivé de céder contre sa propre conviction, et même, quelquefois, ayant raison (1). Il a eu des

---

(1) M. le baron de Pomereuil, préfet à Tours, où il faisait démolir le palais épiscopal du cardinal Boisgelin, répondit ainsi aux injonctions sévères du ministre à ce sujet : « Monseigneur, vous me prévenez que votre lettre est écrite sous la dictée de l'empereur ; je l'ai bien aisément reconnu. Mais je manquerais à son service, si je ne poursuivais pas l'exécution de mon arrêté, et rien que ma destitution ne pourra m'en faire départir, etc. »

rancunes contre certains noms, soit sur de vieux souvenirs, soit sur des rapports récens, non contredits. Une prévenance de la part de ces personnes, des explications, ou quelque autre occasion le ramenaient; il n'en était pas de même de ses idées, ou des grandes choses arrêtées dans son esprit. Il cherchait à vous y attirer, mais sans égard, comme sans humeur pour ceux qui ne s'y rendaient pas, il suivait son sens. Sous ce rapport, on a pu dire que « tout ce qu'il a fait de bien ou de mal appartient à lui seul. »

Sur quoi l'empereur dit simplement au ministre : « Laissons-le faire ! »

M. Mounier, préfet de Rennes, vivement soutenu par le ministre, duc d'Otrante, dans une contestation avec la gendarmerie, l'ayant emporté contre l'avis de l'empereur, me dit peu de temps après, lui-même, que « l'empereur avait raison, et avait mieux vu la question que nous tous. »

C'est dans cette suite de communications et de travaux que j'ai puisé mes récits et mes jugemens, toujours en présence des documens primitifs, loin de la foule et des grands, dont les impressions trop mobiles ou trop bornées, mènent au scepticisme ou à la coterie. Je les ai écrits de même dans l'obscurité de ma retraite, hors de l'influence et des vues d'autrui. Sauf quelques ébauches, par lesquelles j'ai voulu sonder le goût de quelques amis et m'encourager moi-même, tous me liront ici pour la première fois avec le public.

Ces divers orages de la vie de Napoléon ont dans le temps plus ému les esprits, qu'ils ne les éclairaient. Puisse ce vif intérêt d'alors être compensé dans cet écrit par la précision de l'ensemble, où j'offre les ressorts intérieurs, les causes et les intentions cachées, et certains traits que l'on touche, que l'on sent au milieu de l'action, mais qui ne sont écrits nulle part.

Je ne produis point de pièces à l'appui. Je n'en ai gardé qu'une, que je déposai, cachetée, chez mon notaire, on verra pourquoi, à l'article du baron de Kolli (1); de tant de cartons du ministère, pleins de mon travail, je n'en ai plus touché un seul. Ma mémoire, mon journal de notes, les impressions que j'ai reçues des événemens sont mes seules autorités. Je les livre pour l'histoire à la conscience publique.

---

(1) Nous donnons cette pièce à la suite du chapitre auquel elle se rattache.

SOMMAIRE

ET

CONSIDÉRATIONS SUR LES COMPLOTS

CONTRE LA VIE DE NAPOLÉON.

Quand l'existence d'un personnage est d'un grand poids dans les intérêts et les opinions d'une époque critique, les esprits sont portés à en prévoir la fin, et à s'occuper de suppositions et de calculs sur ce qu'elle entraînerait. Amis et ennemis en envisagent les chances; les pressentimens, les pronostics, les prédictions abondent, les rêves mêmes ont leur secrète influence.

Les uns, soit timidité naturelle, soit manie de voir tout en noir, prennent l'alarme à tout hasard, et vous étourdissent d'avertissemens absurdes sur des dangers imaginaires; les autres exhalent leur rage impuissante par des vœux ou des provocations sinistres, mais occultes, par des placards menaçans, des lettres anonymes.

Parmi ces préoccupations, et de ces préoccupations mêmes naissent quelquefois des idées de crime. Des imaginations sombres ou faibles s'en repaissent; situation fatale, où la tête du prince est comme mise à prix, soit par l'attaque, soit par la défense ! c'est une prime également ouverte aux complots réels comme aux complots factices. Les mauvais génies se mettent à l'exploiter, et elle l'a été à l'égard de Napoléon sous des formes multipliées, que je résume ici, en indiquant comment lui-même en était affecté.

———

Toute la première année du consulat fut une série de machinations contre sa personne, de la part, dirai-je, des républicains, ou plutôt des familiers du directoire déchu, et des traînards de la révolution. Irrités de la journée de Saint-Cloud, et alarmés de ses suites, ils s'animaient par des cris de vengeance et de mort. « On conspire dans les rues, on conspire dans les salons! » disait pour sa défense l'ex-député Joseph Aréna devant les juges. Ces paroles marquent bien le caractère de ce temps-là. Trois des conspirateurs de rues, Metge, Veycer et Chevalier, furent successivement jugés par des commissions militaires. D'autres, qu'on peut ranger parmi les conspirateurs de salons, prévenus d'avoir soudoyé et armé des assassins, un jour de représentation à l'Opéra, étaient arrêtés. Déjà deux mois et demi s'étaient passés sans qu'aucun acte judiciaire fût commencé contre eux, lorsqu'un gros de royalistes arrivaient de Bretagne, non tumultuairement et cherchant au hasard des Brutus, mais munis d'ordres et d'instructions pour tuer le premier consul. Ce sont eux qui, le 3 nivose, firent sauter un tonneau de poudre sur son passage près le Carrousel. Les jacobins furent à l'instant accusés, poursuivis, déportés par centaines. J. Aréna, le sculpteur romain Céracchi, le peintre Topino-Lebrun et Démerville, dont l'affaire semblait s'assoupir, furent dès le lendemain mis en jugement et condamnés.

Ainsi Napoléon, dès ses premiers pas vers le rétablissement de l'ordre, était en butte aux plus violentes attaques de deux factions opposées. C'est à cette situation que M. Pitt faisait allusion quand il répondit à M. Otto, qui lui parlait des élémens de calme et de stabilité renaissant en France : « Quel fond peut-on faire sur un gouvernement qui est à la merci d'un coup de pistolet? » Napoléon s'en ressouvint avec aigreur dans un de ses entretiens avec M. Fox : « Que penser, lui-dit-il, d'un gouvernement qui envoie des assassins pour me tuer ? »

———

Bientôt l'établissement du *Concordat* devait lui attirer le ressentiment, j'ai presque dit les coups de ses propres compagnons d'armes. Mais cette boutade militaire, avec ces lueurs de liberté, mêlées d'ambitions et de jalousies, ne trouva point alors d'appui dans le civil.

En 1803, un plan fut formé à Londres pour rallier ces hostilités diverses. Des officiers royalistes, conduits par Georges Cadoudal à Paris, étaient en première ligne, avec tous les moyens pour frapper le premier consul. Pichegru, ex-député, ancien général, les secondait sous une couleur de royalisme constitutionnel. Le général Moreau, tout en n'entrant pas dans leurs vues ultérieures, les laissait faire. Sans la révélation d'un des conjurés, la perte de Napoléon semblait inévitable.

En 1806, le général Mallet disposait un soulèvement à Paris sur des bases mystérieuses, que sa témérité, en 1812, a mises au grand jour. Son ressort, tout nouveau, mais fragile, consistait à frapper les esprits par l'annonce subite de la mort de l'empereur; à enlever la troupe par de faux ordres du sénat, le peuple par des proclamations et à s'assurer ou se défaire des principales autorités. Six ans plus tard, ayant repris son projet, il a réussi à marcher deux heures sous le prestige de cette combinaison.

En 1809, à Schœnbrunn, l'illuminé Staaps, Saxon, s'approche de Napoléon, à la parade, armé d'un couteau pour le tuer.

En 1811, son compatriote, La Sahla, vint exprès à Paris dans le même dessein. Les instrumens de celui-ci sont des pistolets.

En 1813, l'association secrète formée dans un régiment des gardes d'honneur, à Tours, n'était guère moins hostile, quoique marchant par des voies détournées.

Mais en exposant les diverses trames ou tentatives que j'ai connues directement ou qui ont fait quelque sensation, sauf celle de Champagne en 1814, je me tairai sur plusieurs qui furent prévenues avant leur maturité ou leur commencement d'exécution. Car on doit savoir aujourd'hui que ce gouvernement, loin de chercher le dangereux scandale des complots, aurait voulu en détruire le germe et les traces; je parle encore moins de tant d'autres projets qui n'eurent d'existence que dans un ramas de déclarations officieuses ou de délations malveillantes, dont plusieurs ne valaient pas mieux pour avoir emprunté des organes respectables, ou même avoir été appuyées de coups de poignards. Oui, des dénonciateurs se sont mutilés eux-mêmes jusque dans le parc de Saint-Cloud, se donnant pour victimes de prétendus conjurés, dont ils auraient surpris les secrets! J'en ai vu aussi qui, lassés de n'être point crus, se dénonçaient eux-mêmes avec les autres. A quel degré peut aller en ce genre la sottise mue par la cupidité, plus encore que par l'esprit de vengeance ou de parti!

Mais je crois devoir rappeler, avec quelques détails, des propositions, je dirais presque officielles, faites à des cabinets étrangers, pour assassiner Napoléon et la manière dont l'Autriche et surtout l'empereur Alexandre et M. Fox en firent justice. Ce que je dirai ici suffira, et je n'en parlerai plus dans cet ouvrage.

Le 17 février 1806, le nommé Guillet, autrefois paumier des princes, arriva de Paris au port de Gravesend, et informa M. Fox, alors premier ministre, qu'il avait des communications de la plus haute importance à lui faire. Un messager d'état fut expédié, et Guillet, admis près du ministre, lui exposa la résolution et le plan qu'il avait formés pour se défaire de Napoléon. Son moyen consistait en une pièce d'artifice, braquée derrière une grille du quai de Chaillot, et qu'on tirerait au passage de la voiture impériale. M. Fox ne se borna point à dédaigner une pareille avance, il en donna aussitôt avis à M. de Talleyrand, ministre des relations extérieures. Sa lettre, dont je regrette de n'avoir point une copie, est du 20 février. Elle respire le sentiment d'une âme élevée, encore troublée de confusion par l'aspect d'un froid assassin. Il y explique que, « la loi anglaise ne lui donnant d'autre action contre cet individu que de le chasser du pays, il va le retenir quelques jours à Londres, pour donner au gouvernement français le temps de se mettre en garde par les mesures convenables. »

Guillet, arrêté en Allemagne, a avoué toutes les circonstances de son voyage, son entrevue avec Fox, mais en soutenant que la proposition de meurtre était venue de ce ministre. Ainsi, c'est Guillet qui aurait refusé l'or et les poignards de M. Fox. La police ne vit dans cet homme qu'un vieillard abruti par la misère et le déréglement. Il fut renfermé à Bicêtre au mois de mai 1806. Il y est mort deux ou trois ans après, à l'âge de 75 ans.

―――

Un officier français, émigré en Russie (je ne me permettrai pas d'autres désignations), se trouvait à Paris en 1801. Dans l'espace de sept mois, il fit trois fois la route de Saint-Pétersbourg. Le comte de Markoff, ambassadeur ici, lui donnait quelques commissions, et le cabinet payait ses courses... A son dernier retour dans la capitale de Russie, il y fut arrêté. Le ministre, comte Lapuchin, examina ses papiers devant lui. Plusieurs furent mis à part et portés par le ministre à Alexandre qui prononça l'ordre d'exil en Sibérie. Tout cela fut traité avec une certaine importance et des ménagemens qu'on n'a pas pour un étranger, réputé traître ou espion.

La police française fit de vains efforts pour

découvrir les motifs de cette rigueur. Les seigneurs russes, à Paris, éludaient ou feignaient d'ignorer; l'un d'eux me répondit un jour : « Ne parlons pas de cela, c'est affreux! » Mais enfin, l'empereur Napoléon, revenant de Tilsit, demanda au duc d'Otrante, alors ministre, des éclaircissemens sur un nommé M. De *** (le même dont je parle), émigré en Russie. La note lui fut remise dans le sens qu'on vient de lire, mais plus précisée, sur la famille, l'état et le pays de la personne. Napoléon dit alors au ministre : « L'empereur Alexandre m'a dit dans nos conférences à Tilsit, qu'il avait envoyé ce monsieur-là en Sibérie, pour avoir voulu se charger de m'assassiner. »

Quelques années après, un Polonais, se disant comte Pagowski, fut arrêté à Paris. On trouva dans ses papiers la minute, écrite de sa main, d'une lettre qu'il adressait de Hambourg à l'empereur de Russie. Il y offrait, en termes formels et motivés, d'attenter aux jours de Napoléon. Peut-être cet aventurier ne voulait-il que montrer son zèle et soutirer quelque argent ; mais d'autres preuves d'espionnage et de trahison le firent condamner par une commission militaire en 1811.

Quant à l'Autriche, on verra plus loin que dans les conférences pour la paix, à Vienne, en 1809, son négociateur avertit Napoléon que des propositions très sérieuses d'attentat contre sa vie avaient été faites. En peu de jours, l'incrédulité de Napoléon sur ce point en obtint une preuve décisive par l'arrestation de Staaps.

Enfin, il est connu que les écoles, les comptoirs et les cafés de la Saxe, de la Prusse et autres parties de l'Allemagne, exhalaient des idées de meurtres. Il existait même, sous la forme de *compagnies d'arquebuse*, etc., etc., des réunions où l'on s'exerçait au tir, dans le but avoué par leurs réglemens et leurs circulaires, de porter des coups plus assurés à l'ennemi de la *patrie allemande*.

Dans cette grande variété de projets ou d'entreprises dirigés contre une seule tête, il ne serait pas sans intérêt d'en considérer le principe ainsi que les motifs divers et le caractère des principaux acteurs. Pour me borner ici au principe moteur, l'on voit clairement que l'esprit soit religieux, soit superstitieux, y est tout-à-fait étranger. La cause générale des trônes ou le zèle pour le maintien et l'honneur des souverains légitimes n'y a pas eu plus d'influence. J'entends que nul, à ma connaissance, n'a prétendu frapper, dans Napoléon, l'ennemi de Dieu et de la religion, ni l'antagoniste des rois. Staaps, lui-même, quoiqu'il eût des visions surnaturelles et un pacte avec le ciel, agissait pourtant dans un sens purement national. — Georges, Pichegru, Mallet, suivirent des vues de parti, celui-ci pour la république, ceux-là, pour l'ancien régime.

Mais ce qui paraîtra plus remarquable, toutes les puissances du midi, Rome, Naples, l'Espagne, le Portugal, ont été envahies ; leurs princes écartés par les moyens les plus propres à exciter l'irritation ; et, pourtant, ce qu'on appelle le fanatisme monacal, la vengeance italienne, la férocité espagnole, n'ont suscité ni des Séides, ni des Jacques Clément, soit contre Napoléon, soit contre ses lieutenans, en Italie, à Lisbonne; soit contre les nouveaux rois de Naples et d'Espagne. Ce dernier soutenait la guerre contre une partie de sa population, contre une assemblée nationale délibérante, contre une nuée de journaux. Tout cela maudissait Napoléon, insultait Joseph, mais sans provocation ni tendance à l'assassinat.

C'est le flegme allemand que l'on a vu, animé d'un mysticisme de liberté, frémir dans toutes les familles, les universités et les ateliers. La jeunesse, l'adolescence, imbues d'un patriotisme haineux, par les parens et les maîtres, attachèrent toutes leurs idées de vengeance, de salut et de gloire à la perte de Napoléon. Ces germes semés partout ont donné leurs fruits. Durant nos six dernières années, la haute police fut obligée de porter l'attention la plus suivie sur tous les individus de dix-huit à vingt-deux ans, venant de l'autre côté du Rhin. Les jeunes *Staaps* et *La Sahla* furent les premiers rejetons de cet arbre empoisonné qui, depuis, a produit les *Loëning*, les *Sand* ; le temps nous apprendra si la sève en est épuisée. Il faut le répéter, l'assassinat d'opinion est stérile. Né de passions d'individus ou de coterie, il reste court et profite à d'autres. Les meurtriers de César, de Henri III et de Henri IV, les Brutus, les Jacques Clément, les Ravaillac ont nui à la cause qui les avait armés.

En résumé, l'exaspération fanatique contre Napoléon ne s'est montrée qu'en Allemagne, et seulement parmi la jeunesse, et dans un sens d'indépendance nationale. Tout le reste a été affaire de parti. Si cela tournait à l'assassinat, c'est qu'on n'avait pas d'autres moyens de réduire un tel adversaire. Car la plupart des conjurés que j'ai vus et sondés eussent mieux aimé s'emparer de sa personne que de s'en défaire. Et c'est aussi le parti que la fortune a pris à la fin contre lui; deux fois elle l'a enlevé sans le détruire!

L'on pourrait donc dire qu'il eut raison de s'en rapporter à elle seule pour tout ce qui concernait sa propre sûreté. Car, au milieu de tant de dangers et d'embûches, il n'eut jamais l'idée d'une précaution, du moins apparente, et sa sécurité m'a toujours paru inaltérable. Il fallait même lui cacher avec soin certaines surveillances qu'on disposait à portée de lui aux spectacles, dans ses revues, ses chasses, ses voyages. Le seul trait que j'aperçoive d'une sorte de précaution, de sa part, c'est la mesure qu'il indiqua de lui-même, après l'explosion du 3 nivose, de *faire déloger toutes ces femmes* qui infestaient ce quartier. En effet, les courtisanes et leurs réduits figurent dans l'histoire de presque toutes les conjurations. L'élargissement du terrain sur le Carrousel et sur la rue de Rivoli, a tenu aussi certainement à quelque prévoyance, mais plutôt pour la défense des Tuileries comme poste, que pour préserver sa personne.

« Non, ce n'est pas si aisé de m'ôter la vie, disait-il au maréchal d'Avoust, qui lui témoignait des inquiétudes, je n'ai pas d'habitudes fixes, point d'heures réglées. Tous mes exercices sont rompus; mes sorties imprévues. Pour la table, de même; point de préférence pour les mets; je mange tantôt d'une chose, tantôt d'une autre, et aussi bien du plat le plus éloigné que de celui qui sera près de moi. » Il est probable que cette manière était dans ses goûts; et, bien qu'il en fasse ici un motif de tranquillité, il ne l'avait pas arrangée pour cela. Ce qu'on a dit d'une cotte de maille, ou d'un gilet matelassé qu'il portait en dessous, est une pure chimère, quoique, dans un temps, on l'ait montrée à Paris, et qui plus est, celle du roi de Rome.

Du reste, la police ne lui taisait rien de ce qui pouvait menacer sa personne. Quelquefois même les inquiétudes vagues lui étaient communiquées. On le trouvait d'abord distrait, écoutant à peine, puis incrédule si l'on insistait. « Qui donc vous a monté la tête? disait-il. Quelles chimères! » Mais quand on le pressait par des indices assez positifs, il coupait court : « Eh bien! voyez; cela vous regarde. C'est à la police à prendre ses mesures! » Il n'en parlait plus, à moins d'y être provoqué; et on n'avait de lui ni aide, ni conseils. Ainsi, sur l'affaire de Georges, avant qu'on ne connût la participation de Pichegru et de Moreau, il se contentait de dire : « Vous ne connaissez pas le quart de cette affaire-là. » Sans autre explication qui pût nous mettre sur la voie de ses soupçons.

De même, quand il fut révélé que plusieurs centaines de ces conjurés devaient être dans Paris, en armes, la grande parade indiquée au

Carrousel semblait n'être pas sans danger pour lui. Mais quelle fut sa surprise, quand il comprit à la fin les précautions que M. Réal lui insinuait à ce sujet... Il fit sa revue à l'ordinaire, à pied, passant derrière les troupes, et se perdant dans la foule des spectateurs.

Je l'ai vu aussi éloigner, pour une mission assez importante à la vérité, un homme initié au plus dangereux complot contre sa vie, et dont ce même homme suivait, à Paris, jour par jour, les traces et les moyens. A peine quinze jours étaient écoulés, la machine infernale éclata. Napoléon n'y échappa que par miracle. Mais les révélations de l'individu, sa mission au loin, qui avait donné un champ libre aux malfaiteurs, me parurent n'avoir laissé aucun souvenir dans cet esprit d'ailleurs si actif sur toutes choses.

Il ne montrait pas moins d'indifférence à la punition de ces sortes de délits. On faisait, ou l'on ne faisait pas le procès aux coupables, il était comme étranger à la question. Aréna, Céracchi, etc., etc., ne furent livrés au tribunal que trois mois après leur incarcération, et seulement à l'occasion d'un autre attentat bien plus grave, qu'on imputa d'abord à leur parti. Bien plus, des détenus qu'on n'avait pas cru devoir faire juger (je ne citerai que le général Mallet et le comte Lasahla), recommencèrent dans la suite leur attaque contre lui, sans que cela ait attiré de sa part le moindre reproche d'imprévoyance contre son ministre. Il n'a même pas cherché à approfondir la récidive étrange de Lasahla, ni songé à le faire juger cette seconde fois.

Un tel abandon, toujours sans affectation, comme sans réserve, dut avoir d'autre base qu'un calcul de dignité et de courage, ou un fatalisme aveugle, ou la foi dans la vigilance de ses entours. Un projet d'assassinat, sa mise à exécution, la chance douteuse du succès, le moyen plus incertain encore d'y parer, tout cela était trop vague pour un esprit aussi positif, un caractère aussi décidé. Il sent toujours agrandir son génie devant les obstacles, proportionner ses ressources aux périls. Mais que prévoir contre un guet-apens personnel? Tout craindre, et à tout instant, vaine faiblesse! Se garder partout, impossible. Il sut donc, je ne dirai pas s'étourdir sur cela, mais en faire abstraction totale, et s'affranchir sans retour du soin d'y penser.

Napoléon avait le pouvoir de *faire ses idées,* ou du moins de les bien arrêter au point d'y soumettre non seulement ses actes, mais jusqu'à ses impressions. Ce qu'il avait une fois jugé être hors de ses moyens ou de sa convenance, n'obtenait plus de lui aucune attention : tout comme il poursuivait avec une constance imperturbable ce dont il s'était d'abord pénétré. « Pourquoi voulez-vous m'ôter mon calme ?... » disait-il à un personnage qui, en 1814, lui traçait fortement les maux présens et à venir, s'il ne faisait pas la paix. C'est cette puissance exercée et maintenue sur lui-même, qui l'a rendu impassible au milieu des périls et des désastres, dans la défection de ses alliés, la lassitude de ses généraux, l'affaiblissement de son armée, l'affaissement de l'esprit public. Et long-temps en butte à tous les genres d'hostilités, il se donna cet avantage, que son caractère n'en fut pas plus atteint que sa personne.

PROJET

D'ATTAQUER LE PREMIER CONSUL A L'OPÉRA.

(9 novembre 1800.)

Première représentation des Horaces à l'Opéra. — Périsse le tyran ! — Démerville s'ouvre à M. Barrère. — Réponse de ce dernier à Démerville. — M. Barrère et le général Lannes. — M. Bourrienne. — Echange de pistolets et de poignards. — Qui doit porter le premier coup ? — M. Bourrienne confie le dénoûment de l'affaire à M. Fouché. — Condamnation de l'ex-député Joseph Aréna, du sculpteur romain Céracchi, de Topino-Lebrun, peintre, et Démerville, ex-employé au Comité de salut public. — Caractère de Fouché. — Enlèvement de Clément de Ris. — Fouché, d'un seul mot, fait rendre le captif. — M. Fouché dégoûte les chouans de détrousser les voitures publiques.

Le 18 brumaire avait déplacé et exaspéré les plus ardens de la révolution. « Que tarde-t-on à frapper ce nouveau César ? Il n'est plus besoin de masses populaires; quelques braves suffisent à délivrer la patrie ! »

Ainsi disait, comme tant d'autres, un ancien

employé au comité de salut public, Démerville; et, le 7 novembre 1800, après plusieurs colloques, les jours précédens, un capitaine réformé lui répond : « Je suis prêt, et j'aurai des hommes sûrs ! » « — Eh bien ! après demain, à l'Opéra, Bonaparte vient à la première représentation des Horaces. N'y manquons pas avec nos amis... Périsse le tyran ! » L'officier accepte et se dévoue. Démerville court donner cette assurance à Aréna, à Céracchi. Ceux-ci, pleins d'espoir, en préviennent Diana, autre réfugié romain, Topino-Lebrun. L'éveil est donné à la ronde, ils se disposent, s'agitent, à la manière de leurs complots de foule, chacun comptant sur d'autres, et tous sur l'élan général. Car on croyait avoir les militaires réformés, les réfugiés étrangers, beaucoup de jeunes gens et de peuple. On y mêlait même le nom de M. Fouché, ministre de la police.

Mais, d'une part, Démerville tout ému de sa propre résolution, en dit quelques mots à M. Barrère, qui lui remontre sa folie et ses dangers, et qui, sous le poids d'une pareille communication, la confie à la sollicitude du général Lannes, son ami. De son côté, l'officier qui s'est engagé avec Démerville, vient aussi soumettre le cas à M. Bourrienne, secrétaire du consul et reçoit ses conseils. Il achète donc plusieurs paires de pistolets, en donne une à Démerville, une à Céracchi, qui lui remet en échange six poignards, de la poudre et des balles, avec promesse d'amener Diana, qu'il a soin de lui désigner le soir à l'Opéra. C'était, selon quelques déclarations, celui qui devait porter le premier coup. Voilà toute la conjuraration, pièce bien frêle à côté du grand drame, qu'un autre parti ourdissait alors pour la rue Saint-Nicaise!

Peu d'heures avant l'action, M. Bourrienne, ne pouvant la conduire plus loin, en laisse le dénoûment au ministre Fouché. Il vient l'instruire de ce qui a été fait et lui demande des agens de police pour servir *d'hommes sûrs* aux conspirateurs, et surtout pour se saisir des dupes.

Ce ministre étouffait journellement de semblables sottises, où il voyait autant de déceptions que de mauvais vouloirs. Ceux qui désiraient de lui une répression plus énergique le suspectaient presque de connivence. C'est pour cela, sans doute, que M. Bourrienne eut l'ordre de ne le prévenir qu'au dernier moment. M. Fouché ne put que suivre la direction donnée de plus haut; et l'on devine aisément comment les choses se passèrent ensuite à l'Opéra. Les faux conjurés ne perdaient pas de vue les autres qui, de leur côté, attendant l'œuvre promise de ces braves, se virent arrêtés par eux!

Si M. Barrère, au lieu de parler au général Lannes, se fût ouvert au ministre, nul doute qu'une prompte explication plus ou moins sévère n'eût prévenu, et peut-être ramené les mécontens à d'autres sentimens. Il réussit du moins à empêcher leur mise en jugement pendant six semaines, c'est-à-dire jusqu'au jour où l'attentat du *Trois Nivose*, attribué par le cri public aux jacobins, fit incontinent livrer à la justice les coupables de l'Opéra. Quinze jours après, Démerville, Topino, Aréna et Céracchi furent condamnés par le jury; Diana acquitté avec trois autres.

Décidé d'abord à ne pas traiter un sujet que je n'ai guère connu que par sa publicité, j'en devais au moins cette notice, pour qu'on ne s'étonnât point de voir commencer mon ouvrage par une lacune si remarquable. J'y trouve aussi l'occasion d'esquisser la position et le caractère de M. Fouché, dans cette première année, toute en complots et en dénonciations; deux fléaux qui pullulent l'un par l'autre. Certes, sans le bon esprit du consul et la modération, un peu partiale, de M. Fouché, il y aurait eu de la matière pour cent conjurations et procès pareils. En effet, Aréna, le lendemain de son arrestation, écrivait à Napoléon : « L'on conspire depuis un an, tous les partis s'en mêlent, tout le monde le dit dans les rues et dans les salons, et vous seul ou l'ignoriez, ou avez méprisé les avis qu'on vous a donnés. Beaucoup de gens se tenaient prêts pour profiter d'un mouvement, sans savoir qui le ferait, etc., etc. »

Topino-Lebrun eut, après sa condamnation, un dernier entretien avec un ami. L'infortuné se croyait vraiment conspirateur, lui et les siens, comme les gens brûlés, jadis, pour maléfices, ne doutaient pas eux-mêmes qu'ils ne fussent des sorciers. Le premier consul voulut voir cette espèce de codicile, expression libre de tous les griefs, douleurs et poignards du parti. Il comprit que cette maladie de son temps avait besoin d'autres remèdes que les supplices, il l'abandonna, désormais aux soins indulgens de M. Fouché, toutefois après avoir exigé de lui, comme on le verra plus loin, l'exil des hommes réputés les plus dangereux.

Napoléon, qui ne connaissait l'élément révolutionnaire que par ses grands effets de masses, eut toujours de cette puissance une idée qui me semblait alors exagérée. « La France, me disait-il (1803), est en état de supporter encore dix comités de salut public, et elle ne supporterait pas les Bourbons trois mois! » Les jacobins, aussi, redoutaient en lui sa tendance à un terrorisme militaire. M. Fouché, par ses antécédens et par sa nouvelle position, rassurait et calmait des deux côtés; déjà, sous le directoire, il avait fermé le *Manége* (nouveau club des jacobins), mais sans réactions contre les personnes.

Resté maintenant au pouvoir comme patron et ôtage, en quelque sorte de son parti, il sut le contenir toujours par ses conseils et au besoin par sa sévérité, par un mélange adroit de bienfaits et de réprimandes. Ses ménagemens pour eux les lui rendaient plus maniables, ce qui ne laissait pas de donner quelque ombrage sur sa fidélité. C'était là la pâture des contre-polices militaires ou autres.

D'ailleurs, il était le plus sûr gardien de Napoléon, contre toutes tentatives des royalistes. Sans nulle sympathie pour eux, il ne leur passait rien ; son moyen ici, plus encore avec les jacobins, était de s'en prendre aux influens du parti pour les écarts des subalternes. Ainsi, quand M. le sénateur Clément de Ris fut enlevé de son château, près de Tours (1800), tandis que son épouse traitait avec les ravisseurs pour la rançon exigée de mille louis, tandis que l'aide-de-camp du premier consul battait le pays et les bois d'alentour, M. Fouché, d'un seul mot aux chefs de la chouannerie, se fit rendre immédiatement le captif. Ce moyen devenait insuffisant contre d'autres désordres, on mit des pelotons armés sur les voitures publiques pour les défendre ; et les voleurs, trop à l'aise jusque-là avec les voyageurs, furent bientôt dégoûtés d'échanger des coups de feu.

Cependant les succès mêmes de ce ministre,

pour le rétablissement de l'ordre et de la sûreté publique rendaient peu à peu son intervention moins nécessaire. Aussi, après trois anneés qui livrèrent à Napoléon les principales capacités de la révolution et de l'émigration, le ministère fut supprimé et le ministre absorbé dans le sénat.

La crise de Georges Cadoudal et de Pichegru, qui survint presque aussitôt, eut pour résultat de le ramener au pouvoir pour six ans. Il fallait rassurer les intérêts révolutionnaires contre la nouvelle institution impériale. On peut juger ici des services de M. Fouché, devenu duc d'Otrante. Car c'est dans cette espace de six années, que l'empereur fit ses campagnes si lointaines d'Austerlitz, d'Iéna, de Friedland, puis de la Corogne, de Wagram, et qu'il fonda les royaumes d'Italie, de Naples, de Westphalie, d'Espagne, au milieu d'un calme parfait de tout l'empire, malgré tant de conscriptions, et une invasion anglaise sur la Belgique, en 1809.

Ces prospérités terminées par le mariage avec Marie-Louise, gage trompeur de sécurité, amenèrent encore la chute du duc d'Otrante, en 1810. Celle-ci sera le sujet d'un article à part.

Il y en aurait un troisième à faire sur cette question : *Le duc d'Otrante a-t-il été traître à Napoléon* (1)?.....

(1) « La révolution était une de ces grandes choses qui avaient le plus frappé l'imagination ardente de Napoléon; et il croyait avoir les yeux sur elle, tant que Fouché était à la tête de la police. » Il a exprimé une pensée aussi profonde que juste.

LE TROIS NIVOSE.

Explosion de la rue Saint-Nicaise. — Participation de hauts personnages à la conspiration. — Mot d'ordre des sectionnaires. — Méfiance des royalistes sur les vues du premier consul. — Ils décident de le renverser. — Georges se charge de l'exécution. — M. Picot de Limoëlan. — Saint-Réjant arrive à Paris *pour en finir*. — Le chimiste Chevalier. — Matières fulminantes. — Description d'une machine meurtrière trouvée chez lui toute dressée. — Quelques royalistes proposent d'assassiner le général Hoche. — Lettre de Georges Cadoudal à Saint-Réjant. — Récit de l'explosion de la rue Saint-Nicaise par Saint-Réjant. — M. Vigier, propriétaire de bains. — Agitation dans Paris. — Fouché est suspecté. — Mademoiselle de Cicé. — M. Nolin, agent de change. — Une épisode du conseil d'état. — M. Regnaud de Saint-Jean-d'Angely et M. Réal. — Singulière invocation d'un royaliste aux Anglais. — Anecdote sur Georges. — MM. de Bourmont, Châtillon et d'Autichamp. — Cause de la conspiration de Georges.

Cette nouvelle conspiration des poudres a excité l'attention de toute l'Europe, autant par son objet que par son mode d'exécution. Ce ne fut pas un de ces coups désespérés qu'un frénétique frappe corps à corps, poussé par la vengeance ou le fanatisme, et se dévouant lui-même à une mort certaine. Ce fut une expédition de commande, réglée en conseil de hauts personnages, confiée aux mains d'hommes aussi adroits qu'intrépides. Leur plan et leurs préparatifs furent dressés de longue main, toutes les chances d'action calculées avec sang-froid et précision. Cependant, les victimes ne furent point du tout celles qu'on voulait atteindre. De même, la justice et la politique vengèrent d'abord cet attentat sur des gens qui y étaient complètement étrangers.

Le procès de deux des vrais coupables a mis au grand jour le fond, les détails et les autres complices de cette machination. J'essaierai donc seulement de réunir plusieurs particularités moins connues, qui ne sont pas sans intérêt sous les rapports d'histoire, de haute police et d'étude du cœur humain.

Napoléon, déjà puissant par l'armée et l'opinion, ayant réussi à concentrer dans sa main les pouvoirs civils de la révolution, s'attacha à rallier à lui tout ce que cette révolution avait froissé ou menaçait encore. Ses efforts pour rétablir l'ordre et la force de l'autorité étaient pour les uns des gages d'une prochaine restauration de la maison de Bourbon, pour les autres le pronostic de la ruine des espérances républicaines. Aussi, tandis que les royalistes et les constitutionnels applaudissaient, les vieux élémens sectionnaires de Paris étaient en fermentation. Ces hommes qui protégeaient ou faisaient trembler les précédens gouvernemens, harcelaient le consulat de leurs menaces et de leurs complots. Le mot d'ordre était *la mort de Bonaparte!* Ils se demandaient, tous les matins, s'il y avait du nouveau, s'il était à bas, ou si c'était pour ce jour-là ; et les curieux de retourner chaque soir à la porte des spectacles, où, selon leurs idées, devait s'opérer l'inévitable dénoûment.

De leur côté, les royalistes entraient en méfiances sur les vues favorables qu'ils avaient d'abord supposées au premier consul. Le peu de succès de certaines ouvertures et insinuations hasardées à ce sujet auprès de lui ou de ses entours, avaient convaincu les plus pénétrans qu'il ne fallait pas compter de sa part sur une résignation volontaire du pouvoir ; et comme sa personne, au lieu d'être un moyen puissant, devenait un grand obstacle, il fut décidé de le renverser par la violence. Le général Georges Cadoudal se chargea de l'exécution. Disposant d'un nombre de jeunes gens que les troubles civils lui avaient livrés, il en dirigea sur Paris, dès le mois d'octobre, un peloton des plus dévoués et des plus intrépides, pour s'y rallier à son major-général, M. Picot de Limoëlan. Celui-ci connaissait cette grande ville et ses environs, où il avait des parens. Il pourvut aux logemens à Versailles, à Saint-Germain et un peu plus tard à Paris. Tout ce petit mouvement, d'ailleurs, était couvert et masqué par l'affluence des officiers royalistes de l'ouest, que la pacification récente amenait auprès du premier consul; et ce concours même flattait assez ses vues pour que les ombrages et les avis de la police eussent peu d'accès dans son esprit.

Le dernier des conjurés qui arriva à Paris pour presser le coup et *en finir*, selon son expression, fut M. de Saint-Réjant, ancien officier de marine. Il vint à la place de Le Mercier, premier lieutenant de Georges, et qui avait d'abord été annoncé.

Mais de tels secrets ne tiennent bien que trempés de fanatisme, ou dans la solitude. Or, ces jeunes gens, excepté M. de Limoëlan, vivaient dans la dissipation. Les meilleurs mémoires de notre temps disent que *ce complot est le seul que la police n'ait pas pénétré d'avance* (1). Au contraire, elle a connu exactement, dès le principe, les circonstances que je viens d'indiquer. Elle en avait des communications suivies, journalières, mais qui se réduisaient comme on le voit à un pur soupçon, renfermé dans le conciliabule de sept à huit hommes, et aux simples assertions de l'un d'eux, c'est ce qu'il ne faut pas perdre de vue, si aujourd'hui, que tout est connu, l'on s'étonnait qu'il n'eût pas été pris des mesures plus efficaces pour un cas si imminent. Qu'on se rappelle avec quel air, je dirais presque de dérision, le ministre Fouché fut reçu, lorsque, peu de jours après

---

(1) Je ne m'étonne pas que l'empereur le dise ainsi dans le *Mémorial de Sainte-Hélène* ; on a vu plus haut son peu de créance ou d'attention à tout ce qui menaçait sa personne. Lorsque, aux premiers avis sur le projet de Limoëlan, je le consignai à notre bulletin du jour, le ministre me fit supprimer l'article dans les expéditions qu'on adressait aussi aux deux autres consuls, ne voulant pas, me dit-il, leur livrer une donnée de cette importance ; de son côté, Napoléon l'oublia bientôt.

le délit, il osa en nommer les vrais auteurs, en opposition à la clameur publique.

Toute la France sembla lui donner un démenti, jusqu'à ce qu'il eut présenté la personne et les aveux des coupables. Comment ce ministre aurait-il pu, avant l'événement, incriminer leurs intentions et faire arrêter, sans l'ombre d'une preuve, des officiers venus près du gouvernement sur la foi d'une capitulation; tandis que des gens, d'un parti opposé, remplissaient tout de leurs vociférations et même de leurs attaques contre la vie du consul? Car la justice allait procéder contre Aréna, Céracchi et plusieurs autres, prévenus d'avoir voulu le poignarder à l'Opéra. On venait aussi de juger militairement trois hommes de ce parti, dont un chimiste, nommé Chevalier. L'on trouva chez lui, outre des matières fulminantes, dont il avait fait le dangereux essai à la Garre, une machine meurtrière toute dressée (un baril plein de poudre et de ferrailles, emmanché d'un fusil chargé, dont la bouche était scellée et plongeait dans la bonde).

C'est donc dans cet état de turbulence, et quand il semblait qu'il n'y avait plus dans le monde de crimes politiques et de danger que de la part des jacobins; c'est alors, que cinq royalistes menaient à la sourdine un autre projet. Je ne sais si la publicité donnée par le jugement à la machine de Chevalier, leur suggéra l'idée d'une explosion incendiaire, car, jusque-là, ils avaient tâtonné pour le lieu et les instrumens d'exécution, soit sur le chemin de Saint-Cloud, soit à la chasse dans les bois des environs, soit au Théâtre-Français, ou à l'Opéra, dont ils avaient mesuré avec précision l'avant-scène pour la portée de leurs pistolets. Il est certain qu'une fois fixés sur le moyen d'une explosion nocturne, au lieu d'une action à découvert, ils se concentrèrent, et disparurent en s'isolant dans un profond mystère. Plusieurs des leurs furent mis à l'écart, dont l'un renvoyé en Bretagne, porteur d'une lettre de Saint-Réjant au général Georges... Que devint-il? Je ne peux m'expliquer davantage. Par ce changement de tactique, durant toute la quinzaine qui précéda l'explosion, la police les perdit tout-à-fait de vue ; et alors je m'attachai à les détourner de leur dessein, en affectant d'en parler hautement et en termes clairs à ceux de leurs amis qui pouvaient encore les voir (1). Je dois dire que ceux-ci combattaient l'accusation, et l'un d'eux me donna pour preuve que dans un conseil, tenu autrefois à Rennes, l'assassinat du général Hoche ayant été proposé, M. de Saint-Réjant s'était élevé avec indignation, décidé à quitter un parti qui s'abaisserait à de pareils moyens. Quoi qu'il en soit, l'on espérait que les conjurés, se sentant ainsi devinés, n'oseraient risquer leur attentat. Mais ce motif ne tint pas contre leur résolution, poussée par les vives instances, par les cris d'impatience et de détresse qui leur venaient de la Bretagne (2).

Tout le monde a su que la veille de Noël, 24 décembre 1800, le premier consul devant aller à l'Oratorio de Saül, une charrette, attelée

(1) MM. de Luxembourg, Châteauneuf, Lanougarède, Sougé, etc., etc.

(2) Le 29 décembre, quatre jours après l'explosion, Georges, qui l'ignorait encore, écrivait à Saint-Réjant : « Les quinze jours sont passés..., je ne sais ce que nous deviendrons tous. En toi seul est notre confiance et toute notre espérance... Tes amis te recommandent leur sort. » *P. S.* « Nous attendons à tous les courriers de tes nouvelles... » (T. 1, p. 20 du procès imprimé.)

d'un cheval et chargée de deux tonneaux de poudre, fut amenée, le soir, près le Carrousel, rue Saint-Nicaise, en face de la rue de Malte, MM. de Limoëlan et Saint-Réjant la conduisaient, aidés d'un nommé Carbon, tous les trois vêtus en charretiers (1). Saint-Réjant, aussi en blouse, demeura seul près de la voiture (placée en travers de la rue, de manière à faire embarras et à frapper en même temps sur celle de Malte), tandis que ses complices, postés en échelons jusqu'aux Tuileries, observaient l'instant précis où l'équipage du consul se mettrait en mouvement, pour en avertir Saint-Réjant par un signal. Ce dernier avait d'avance calculé, avec soin, en combien de secondes le carosse arriverait à la hauteur de la rue de Malte; et un morceau d'amadou avait été taillé, après diverses expériences, de manière que, dans le même nombre de secondes, le feu mis à l'un des bouts se communiquât à la poudre par l'autre bout inséré dans le tonneau.

(1) Ils ramassaient le long des rues des pierres et des pavés, dont ils flanquaient leurs tonneaux, pour ajouter aux effets de la détonation.

Mais, soit que le cocher un peu *aviné*, comme on l'a dit, ait pressé son mouvement, soit que l'humidité de l'air ait retardé la combustion de l'amadou, la détonation se fit quatre à cinq secondes après le passage de la voiture qui, brusquant quelques obstacles et arrivée déjà à l'autre tournant de la rue de Malte, sur celle de Rohan, se trouvait hors de vue. Le contre-coup la secoua rudement et brisa les glaces. Les cavaliers d'escorte se sentirent soulevés sur leur selle. Le fracas du coup, les cris des habitans, le cliquetis des vitres, le bruit des cheminées et des tuiles, pleuvant de toutes parts, firent croire au général Lannes, qui était avec le consul, que tout le quartier s'écroulait sur eux. Quatre personnes furent tuées dans la rue, beaucoup d'autres frappées et renversées, même au-dedans des maisons, moururent des suites, ou restèrent mutilées, sourdes, aveugles. L'on peut croire que peu d'instans plus tôt, la voiture consulaire eût été mise en pièces, puisque treize individus furent blessés dans l'intérieur du café d'Apollon, au coin des rues Saint-Nicaise et de Malte. Tout cela est détaillé au procès imprimé.

Le consul s'arrêta un moment pour s'informer si quelqu'un de ses gardes était blessé ; puis, sans marquer d'émotion, il arriva au spectacle, et assista à la représentation qui fut longue. Il reçut dans sa loge les communications de plusieurs personnages, qu'il écoutait comme un homme qui doute et veut éclaircir un fait. Mais ce calme couvrait un orage qui éclata, à sa rentrée aux Tuileries, par quelques mots foudroyans contre *ces hommes de boue et de sang*, auxquels il imputait le crime.

Je reviens à Saint-Réjant. Voici le bulletin secret de l'explosion tel qu'il l'a décrit lui-même pour le général Georges. Après avoir dit que personne ne peut faire un récit plus exact, parce que ses amis s'étaient éloignés, et que lui seul se trouvait à la Bourse, il ajoute : « Une personne avait promis de prévenir le *malfaiteur* du moment du départ du premier consul, elle ne le fit pas. On avait assuré au malfaiteur que la voiture était précédée d'un avant-garde, ce qui n'était pas. Le malfaiteur seul, et privé des renseignemens qu'on devait lui donner, ne fut averti de l'arrivée de la voiture que quand il la vit. Aussitôt il se disposa à accomplir son projet. A ce moment, le cheval d'un grenadier le poussa durement contre le mur, et le dérangea. Il revint à la charge et mit le feu de suite; mais la poudre ne se trouva pas aussi bonne qu'elle l'est ordinairement, et son effet fut de deux à trois secondes plus lent..... car, sans cela, le premier consul périssait inévitablement. C'est la faute de la poudre et non celle du malfaiteur. Si le hasard me favorise assez pour te revoir, je désire avoir une explication avec mes associés devant toi et devant ton camarade; c'est là que je les attends. »

Les détails suivans compléteront cette ténébreuse chronique. Le malfaiteur, puisqu'il se nomme ainsi, a dit à un homme pieux, qu'au moment d'appliquer l'étincelle, il éleva une prière pour demander à Dieu de détourner le coup si Bonaparte était nécessaire au repos de la France. Aussitôt, s'éloignant rapidement, il dut être froissé par la violence de l'éruption; « car, disait-il à un ami, dès que j'eus mis le feu, je n'ai plus rien vu, rien entendu, rien senti. Je me trouvai transporté, sans savoir comment, sous le guichet du Louvre, où la fraîcheur du courant d'air ranima mes sens; et je me reconnus moi-même. Je me hâtai de gagner le Pont-Royal, où je fis un paquet de ma blouse, que je jetai dans la rivière (1). »

Il rentra chez lui très souffrant des oreilles et des yeux, rendant du sang par le nez et par la bouche, dans un état d'angoisse qui alarma ses compagnons. M. Picot de Limoëlan courut chercher un confesseur (son oncle M. Picot de Clos-Rivière). On amena aussi un jeune médecin de leurs amis. Saint-Rejant sut alors que le coup était manqué, et je crois que c'est ce même soir que M. de Limoëlan, blâmant le trop faible moyen de l'amadou, dit : « Moi, j'aurais mis le feu avec un tison, en restant debout près du tonneau ! » Ce reproche et la justification qu'on a vue plus haut du malfaiteur, montrent les altercations qu'avait suscitées entre eux leur mauvais succès (2).

(1) En effet, M. Vigier, propriétaire des bains, vint déposer qu'à cette heure, le lendemain, *on avait entendu tomber à l'eau quelqu'un ou quelque chose;* on y fit plonger et fouiller toute la journée, mais inutilement.

(2) Pourquoi ne dirais-je pas ici comme un effet des

Le premier soin de la police fut de ramasser les éclats de la charrette et le corps déchiré du cheval, restes à peine reconnaissables, mais d'où sortirent de précieux indices. Une grande agitation régnait à Paris et dans les autorités. Le ministre Fouché, presque suspecté lui-même, nommait MM. de Limoëlan, Saint-Réjant, La Haye-Saint-Hilaire, Joyaux et Carbon. Il publiait leurs signalemens et une prime pour les découvrir; mais la gendarmerie et la plupart des préfets n'en tenaient guère compte. Pour eux, la vérité était toute trouvée, selon certaines instructions qui leur venaient d'assez haut, avec des gloses sur *les déceptions de Fouché*, comme on disait alors. Dans ce conflit si favorable à l'impunité du crime, le ministre seul proclamait et poursuivait des coupables, tandis que le gouvernement saisissait et déportait des suspects; au lieu de preuves ou d'indices sur le forfait de la veille, on exhumait tous les vieux

---

préoccupations qui m'agitaient, que je rêvai, cette nuit même, que l'on tirait un coup de pistolet dans le front de Napoléon? Le bruit du coup m'éveilla, et je le dis le matin du 3 nivose à ma famille et à mon médecin, M. *Engueehard*, qui me l'a souvent rappelé.

griefs d'opinion et de parti. Il ne s'agissait pas de recherches, mais de proscriptions. Chacun fournissait des listes. Même, j'ai vu des chefs pacifiés de l'ouest apporter aussi des noms de révolutionnaires, le ministre leur répondait : « Dites-moi seulement où sont MM. de Limoëlan et Saint-Réjant. Si le coup est jacobin, pourquoi se cachent-ils avec tant de soin depuis ce jour-là ? Ils sont vos amis, amenez-les-moi pour se justifier, je vous donne un sauf-conduit pour eux. »

Ce raisonnement faisait impression sur le premier consul; un fait acheva de l'éclairer. Parmi la foule des curieux attirés dans la cour de la préfecture, pour y voir les débris de la machine incendiaire, un maréchal, en examinant les pieds du cheval, dit *le reconnaître pour l'avoir ferré*. J'étais en ce moment chez le préfet; le sénateur Garat s'y trouvait aussi. Le maréchal signala le propriétaire du cheval : « Cinq pieds un pouce au plus, cicatrice à l'œil gauche.» Les mêmes mots que portaient mes notes sur Carbon, et que je montrai à ces messieurs.

Dès le 10 nivose, ceux qui lui avaient vendu la charrette, les tonneaux, loué la remise et l'écurie, etc., etc., s'accordent à le désigner de même.

Les 11, 12, 13 et 14, confrontation faite avec ces divers témoins qui avaient vu avec lui plusieurs des conjurés, on rend à la liberté *deux cent vingt-trois* individus (1), déjà arrêtés en dix jours par la funeste activité des dénonciateurs, et les premières préventions des autorités.

Des recherches, dirigées maintenant ailleurs que sur des masses, découvrirent dans un faubourg une sœur de ce Carbon avec ses deux filles. C'est chez elle qu'on avait porté, pour les brûler, tous les petits barils de poudre qui avaient servi à remplir les deux tonneaux. Ses filles déclarèrent que M. de Limoëlan leur disait en défonçant les barils : « Mesdemoiselles, c'est du bois qui coûte bien cher ! » Il en restait encore un avec douze livres de poudre qui fut constatée pour être de fabrication étrangère. On trouva aussi quatre blouses des conjurés (2).

(1) Procès imprimé, page 14, t. 1.
(2) Le 25 nivose.

Carbon avait disparu dès le 7 nivose. Le 28, on le découvrit dans une maison de religieuses; il y assistait régulièrement aux prières et actions de grâces ordonnées, tant pour la conservation miraculeuse du consul que pour la découverte des assassins. Mademoiselle de Cicé qui, sur la foi de son confesseur, oncle de Limoëlan, avait procuré cet asile comme pour un pauvre prêtre sans passe-port, fut mise en jugement et acquittée sur la plaidoirie de M. Bellard. Carbon, reconnu par tant de témoins, s'avoua pour le valet de la conspiration, ayant acheté les matériaux, les instrumens et voituré les poudres au Carrousel.

Là, tout fut éclairci ; l'opinion tourna subitement, et l'on se mit à arrêter ce que l'on appelait *les chouans*. C'est à qui traduirait devant le ministre tout ce qui portait quelque trait de ces signalemens si méprisés naguère ; et, comme partout on en voyait, M. Fouché eut encore à se défendre contre ce nouveau zèle. Je me souviens d'un agent de change de Paris (M. Nolin), arrêté pour M. de Limoëlan, à Montpellier. Tandis qu'on attendait des ordres à son sujet, visité et choyé dans sa prison par des gens d'une certaine classe, il se tint sur la réserve, faisant le mystérieux et s'amusant de sa situation. Un soir, le prétendu Limoëlan fut mené furtivement de sa prison dans une communauté hors de la ville. Là, on l'entourait : « Contez-nous donc cela... Comment le coup a-t-il manqué?... Ah! mon Dieu, que ce Bonaparte est heureux!.... » On lui proposa même au retour de le faire évader, ce qu'il refusa avec dignité. L'ordre arrivé pour sa liberté mit à peine fin à cette illusion. Que de misères se découvrent dans ces grands ébranlemens des esprits, où le pouvoir devient quelquefois l'instrument des passions du jour! Et que de maux, s'il est lui-même trompé ou instigateur!

Saint-Réjant, privé de ses amis, incarcérés ou en fuite, persista à rester dans Paris; d'abord à cause de sa maladie, puis par les obstacles qui bientôt fermèrent la route, soit aussi que, piqué des reproches de son parti, il voulût risquer une nouvelle attaque, comme l'assure sa lettre à Georges, citée plus haut; ce qui détruit le mérite de cette prière singulière dont j'ai dit qu'il avait fait la confidence à un ami. Les 50 louis qu'il demandait pour cela à son général, et de plus deux hommes des plus déterminés, lui furent envoyés de Bretagne, mais en vain; il était déjà arrêté, et eux-mêmes le furent bientôt aussi. (L'un d'eux, M. Burbon, mis en liberté, revint en 1804, et fut condamné avec Georges; l'autre, que je ne nomme point parce qu'il vit encore, resta détenu jusqu'à la restauration.)

Tout cela ne changea rien au sénatus-consulte de déportations, rendu d'abord contre les jacobins. Étrange épisode qu'une scène du conseil-d'état va mettre en lumière! Les sections réunies, de législation et de l'intérieur, opinaient pour le coup d'état. M. Réal, opposant, dit « que les vrais coupables seraient déjà connus si on voulait les chercher avec bonne foi ; mais que certains ennemis de la liberté ne voulaient qu'un nouveau prétexte pour proscrire ses défenseurs... »

M. Régnaud de Saint-Jean-d'Angély : « Il faudrait bien que l'on sortît du vague, en citant des faits, et quels sont ceux qui poursuivent des innocens en haine de la révolution?... etc., etc. »

M. Réal. « Eh bien! c'est toi le premier que

j'accuse, et ma démission sera au bout de mes preuves; toi, éternel ennemi de tout ce qui porte un cœur libre, etc., etc. »

M. Régnaud déclara qu'il n'y avait plus de discussion possible... et se retira. La séance fut rompue. Napoléon le sut sans doute en peu de minutes. Cependant on se rendit le soir près de lui, comme c'était convenu, pour lui soumettre le travail.

Là, M. Rœderer exposa la marche de la délibération... et l'incident qui y avait mis fin.

M. Réal, vivement. « Je demande la parole. »

Napoléon sentant la crise, lui fit signe de parler... Il soutint que tout était l'œuvre de la vengeance et de la réaction; que des hommes toujours conspirant sous divers masques, prenaient celui-ci pour satisfaire leurs ressentimens politiques... Puis, touchant adroitement un point sensible pour Napoléon... « Ces hommes, ajouta-t-il, recommencent sous une autre forme *un 13 vendémiaire.* »

Napoléon. « Mais ce sont des septembriseurs que l'on veut atteindre ! »

M. Réal. « Des septembriseurs ! ah ! s'il en reste, périsse le dernier ! Mais ici, qu'est-ce qu'un septembriseur?... C'est M. Rœderer qui sera demain un septembriseur pour le faubourg Saint-Germain... M. Regnaud de Saint-Jean-d'Angély sera un septembriseur pour les émigrés devenus maîtres du pouvoir... »

Napoléon. « N'y a-t-il pas des listes de ces hommes ? »

M. Réal. « Oui, des listes! j'y vois le nom de Baudrais, qui est juge à la Guadeloupe depuis cinq ans, et qu'on va déporter pour le 3 nivôse, aussi bien que Pâris, greffier du tribunal révolutionnaire, mais qui est mort depuis six mois ! »

Napoléon, se tournant vers M. Rœderer. « Qui a donc fait ces listes-là ?... Il y a pourtant à Paris assez de ces restes incorrigibles d'anarchie de Babeuf !... »

M. Réal. « Précisément ; je serais sur la liste aussi, comme Babouviste, si je n'étais pas conseiller d'état ; moi, qui ai défendu Babeuf et ses coaccusés à Vendôme ! »

Napoléon. « Je vois qu'il s'est mêlé des passions dans une question d'état. Il faut qu'on reprenne ce travail en équité et bonne foi. »

Dès lors, on traita comme sacrifice nécessaire à la paix publique et à l'opinon ce coup

4

d'état contre des jacobins, à propos d'un crime de chouans. Le ministre Fouché, forcé (comme il le fut encore en 1815) de présider à une telle liste, en fit rayer le plus qu'il put, aidé, il faut le dire, par l'influence de madame mère et de Joséphine. Le reste fut conduit aux îles *Séchelles ;* Carbon et Saint-Réjant à la Grève (20 avril), sur l'échafaud de l'ex-député Aréna et de ses trois complices, jugés à mort par le contre-coup du 3 nivose, dès le 19 du même mois.

J'omets tout ce qui a rapport au jugement de Saint-Réjant et de Carbon, pour considérer quelle fut la destinée de leurs complices. M. de Limoëlan ne se montra pas au quartier de Georges, ni en Angleterre. Il semble que la condition, imposée à un meurtrier politique, soit de réussir ou d'y périr. Mais lui, dévot autant que fier, ne voyant dans son action que la volonté de Dieu, ne voulut pas se soumettre au jugement des hommes. Il s'embarqua simple matelot à Saint-Malo... Qu'il me suffise de dire qu'il *s'est retiré du monde !* Son parti ignora ce qu'il était devenu ; mais le gouvernement français ne le perdit pas de vue ; dans le couvent lointain où il a reçu la prêtrise, il ne correspondait qu'avec sa sœur, et, en tête d'une de ses lettres, dont il craignait sans doute l'interception par les croisières anglaises, j'ai lu cette invocation ou recommandation remarquable : « O Anglais, laissez passer cette lettre !... elle est d'un homme qui a beaucoup fait et souffert pour votre cause ! ! !... J'avais bien soin de ces communications, toutes de piété et de famille.

Joyaux et Lahaye-Saint-Hilaire se sauvèrent comme Limoëlan, à la faveur du tumulte excité contre les jacobins ; le premier revint à Paris en 1804, et y périt avec Georges Cadoudal.

Lahaye-Saint-Hilaire, qui fut aussi de cette nouvelle entreprise, échappa encore, comme on le verra ailleurs. C'est lui qui, le 23 août 1806, enleva l'évêque de Vannes, et ne le rendit qu'en échange de deux des siens qui étaient en prison. Un de ceux-ci fut repris un mois après, l'autre périt le 23 septembre 1807 dans un combat qui coûta la vie à un brigadier de gendarmerie. Lahaye-Saint-Hilaire et un autre y furent pris, et subirent leur jugement.

Le général Georges se réfugia à Jersey, où le ministère britannique, usant de circonspection, le retint quelque temps, malgré toute son impatience et son dépit sur une réserve aussi injurieuse. On traitait alors à Amiens. Il reçut enfin l'autorisation de venir en Angleterre, mais sous une sorte d'*incognito*, et à condition de ne point paraître à Londres.

Il m'a été raconté de lui un trait qui date de cette époque-là, et qui a certainement rapport au sujet qui m'occupe. Il attendait le vent pour quitter l'île la nuit, et repasser à la côte anglaise. Ayant aperçu un livre chez M. le comte Leloureux, commissaire pour le parti royaliste dans ces parages, il commença par le feuilleter assez négligemment, puis il s'y attacha. C'était, autant qu'on a pu me le dire, des commentaires de Gordon ou de Machiavel sur Tacite ou Tite-Live, il y lut avec attention le développement de cette pensée : « Que les gens chargés de l'exécution de grands attentats n'en tirent jamais les fruits qu'ils espèrent. Car ceux qui, par leur position, sont appelés à en profiter, qu'ils l'aient commandé ou non, ont soin de cacher un instrument honteux, si même ils ne le brisent comme dangereux. » Le général Georges dit à M. Leloureux, en lui rendant son livre : « Voilà une excellente leçon, et qui ne sera pas perdue! »

Je tiens pour assuré qu'il est resté fidèle à cette impression; car, d'une part, ses amis répondaient sévèrement à des insinuations trop légères qui leur étaient faites à Londres pour la destruction du premier consul : « Notre général n'est pas un assassin! » Et, d'un autre côté, en scrutant avec attention son entreprise de 1804 avec Pichegru, on voit qu'elle repose sur des combinaisons politiques, où la mort de Napoléon est un moyen inévitable, sans doute, mais non pas un but formel et direct. Aussi, il est constant que Georges a été alors plus de cinq mois à Paris sans rien tenter, ayant bien les moyens de le tuer, s'il n'eût voulu que cela.

Mais, sans attacher plus d'importance à l'anecdote de Jersey, je dirai avec certitude que le général Georges trouva, dans un séjour de plusieurs années à Londres des leçons plus fortes que celles des livres, et dont il sut profiter. La société de personnages élevés et d'hommes éclairés, ouvrit à sa méditation des aperçus nouveaux. Ses idées, en s'agrandissant, réglèrent ce caractère et ces facultés qui n'avaient eu pour théâtre que les landes de Bretagne, et pour école que les mouvemens de la guerre civile. Cette supériorité acquise se manifesta dans son procès en 1804, et fut très remarquée par ceux de ses officiers qui ne l'avaient pas vu depuis quatre ans, qu'il était venu avec eux à Paris, après la pacification.

Alors le premier consul, qui accueillait et honorait les autres chefs royalistes, comtes de *Bourmont*, *Châtillon*, d'*Autichamp*, reçut Georges Cadoudal avec hauteur et dureté, au point que ce général, qui venait de signer aussi la paix pour une province, a dit à ses amis qu'il s'attendait à être arrêté au sortir de l'audience. Fatal préjugé de Napoléon qui, sans lui faire de vrais amis de ces nobles qu'il traitait si bien, lui suscitait dans le plébéien qu'il repoussait, un implacable et dangereux ennemi.

En effet, Georges se hâta de fuir à Londres par Boulogne; et, trois mois après, il revenait en Bretagne, pour diriger cette œuvre du 3 nivose. Depuis encore, il voua tous les moyens, sacrifia même sa vie à une guerre à mort contre Napoléon.

MORT DE PAUL Ier.

24 mars 1801.

Le comte Pahlen. — Ordre du czar d'arrêter l'impératrice et Alexandre. — Alexandre fut-il le complice de Pahlen ? — Le général Bennigsen. — Ce qui se passe dans la chambre de l'empereur. — Drapeaux français. — Paul Ier est étranglé. — Rôle de Pahlen. — Le médecin Rogerson. — Complices à Berlin. — Causes de la chute de Paul Ier. — Catherine II. — Carricature. — Mot de Napoléon. — Treize ans après. — Cri d'Alexandre à son lit de mort.

Le comte Pahlen, gouverneur de Saint-Pétersbourg et intendant général des postes, jouissait de toute la confiance de Paul Ier. « On conspire contre moi, » lui dit un jour l'empereur, avec un regard sévère et scrutateur! — « Je le sais, sire, » répondit-il sans la moindre trace d'émotion ou d'embarras... « Je suis heureusement sur la voie..., mais... » — « Parle tout à l'heure, je te l'ordonne... fussent mes propres fils ou l'impératrice!... »

Pahlen expliqua alors à son redoutable maître comment, dans une aveugle imprudence, on a osé lui faire des ouvertures qu'il a cru devoir encourager... Elles compromettent ce qu'il y a de plus élevé dans l'empire; l'épouse et l'héritier du souverain. « Il le conjure de dissimuler aussi, de lui laisser pénétrer tout ce mystère. Rien ne peut lui échapper, si sa majesté daigne lui confier son ordre suprême pour agir contre les grands coupables, au moment décisif. »

Le czar se laissa persuader de la nécessité d'armer un si fidèle serviteur; il alla même jusqu'à dresser et signer l'ordre d'arrêter les deux personnages désignés, mais il eut la prudence de ne pas le délivrer à Pahlen ; il le garda sur son bureau, ce qui le sauva pendant plusieurs semaines, car le comte avait déjà pris soin d'alarmer le grand-duc Alexandre sur les dispositions ombrageuses d'un père trop prompt à sévir. « Maintenant l'ukase était prêt pour envoyer sa mère au couvent, et lui-même dans une forteresse; deux lieux de mort pour tous les princes et princesses qui y sont entrés. Le remède à tant de maux est dans l'abdication forcée d'un monarque en démence ! » Mais, comme il ne montrait point l'acte en question, ainsi qu'il l'avait espéré, le jeune héritier doutait encore ; et, quoiqu'on lui eût promis de respecter la vie de son père, il hésitait à consentir à une déchéance qui touchait de si près au parricide.

Cependant Pahlen continuait d'abonder dans tous ces éclats de sévérité qui signalaient la domination de Paul. Ardent à la recherche des mécontens, suivant pied à pied la conjuration, il en révélait à l'empereur ce qui pouvait fasciner sa confiance et entretenir son irritation tout en la contenant : soit qu'il ne voulût que ménager sa propre sûreté dans un choc qu'il voyait prochain ; soit qu'au fond, il penchât pour les conjurés, mais sans leur laisser de gages, et contre Paul, sans lui donner de prise, il empêchait les deux côtés d'éclater jusqu'à ce qu'il fût en mesure et maître de la vie et de la mort de part ou d'autre, selon les événemens !

Tout resta ainsi en suspens sous une profonde dissimulation. Durant trois mois l'affaire couva à Saint-Pétersbourg. Le souverain, condamné à mort, restant maître absolu au milieu des craintes et des méfiances, jusqu'à son exécution que l'on préparait dans le silence et la terreur. C'était comme un de ces jugemens des anciens tribunaux secrets, ou comme ces sentences capitales qui attendent la sanction d'un pouvoir supérieur; ici la sanction était l'adhésion d'Alexandre, complice important, comme gage d'impunité! On l'obtint, enfin, en courant lui montrer l'ukase fatal, qu'une main perfide (le général O.....) sut soustraire du cabinet pour quelques instans. Le grand-duc cède à un danger si imminent pour sa mère et pour lui; et, ce fut les larmes aux yeux qu'il leur permit de sauver sa tête par une couronne, en les suppliant, une dernière fois, pour les jours de son père.

C'en est fait; le coup est fixé pour le soir même; vingt maisons à Pétersbourg sont dans la terrible attente! Des avis en vinrent à Paul par Koutaïsoff son favori, par Lindner et Araschieff, deux anciens compagnons de ses disgrâces à Gatschina ; avis si souvent donnés à faux, qu'on n'y croit plus au jour où ils sont vrais. D'ailleurs, il se rassurait sur Pahlen, qui connaissait tout.

Les meneurs se réunirent à un dîner, ou furent invités plusieurs individus, non encore initiés au complot, mais jugés propres à ce coup de main. Le général Bennigsen était un de ceux-ci. Là, on traita les choses sans mystère : « Délivrer aujourd'hui la Russie de son tyran; ne plus se séparer, et marcher tous ensemble au Palais! » Bennigsen, surpris à une pareille communication, déclara que : « Bien qu'il n'aimât point l'empereur, que même il trouvât convenable de le mettre à l'écart, il n'était pas disposé, lui, commandant la garde du palais, à prendre part à l'action. » Une sommation de mort l'avertit qu'il n'est plus le maître de refuser. Le voilà donc auxiliaire obligé de ceux qu'il devait combattre, et ce qui est digne de remarque, c'est lui qui montra le plus de décision et d'audace dans l'exécution.

Après le repas, où l'on but largement, les convives se portent au palais, dont ils avaient eu un plan très détaillé. On a parlé d'une sentinelle cosaque tuée par eux, à l'entrée, parce qu'elle s'opposait à ce qu'ils allassent prévenir l'empereur que le feu était à Pétersbourg. Ils se coulent donc par les détours les plus secrets, ceux-là mêmes que l'empereur avait ménagés pour sa sûreté; et ils arrivent à un escalier de *sûreté* aussi, caché dans l'épaisseur du mur de sa chambre à coucher. Ils y montent sourdement un à un, l'épée en main. Dans ce noir et étroit passage, et comme si l'approche de la crise affaiblissait les fumées du vin et les résolutions, une sorte d'hésitation se manifesta dans la ligne. Bennigsen, qui était sur les derrières, signifie à son tour « qu'il faut marcher; que, puisqu'ils l'ont entraîné dans cette affaire, il recevra sur la pointe de son épée quiconque oserait reculer. » Bientôt ils sont dans la chambre de l'empereur !

Il saute de son lit à l'apparition des premiers qui, sur sa brusque apostrophe, lui représentent assez faiblement d'abord, « les exigences de l'état, le vœu public, pour qu'il lui plaise céder le trône à son fils, après quoi il vivra tranquille dans un de ses palais. » Le prince, tout en s'habillant, entrait en explications sur sa conduite, sur ses droits, quand Bennigsen parut après les autres. On a vu plus haut comment il était là, et qu'il commandait la garde du palais. « Tiens, » lui dit Paul, augurant mieux de ses intentions, « vois comme on ose parler à ton empereur. » Le général lui répondit : « Nous ne sommes pas venus pour pérorer, ni pour entendre des discours; il faut abdiquer ou périr ! » Ceci fixa le ton et le mouvement de la scène.

Paul, jugeant alors l'étendue du complot, sembla hésiter et délibérer en lui-même; puis, il s'assied à son bureau comme pour écrire son abdication... Mais, bientôt, il rejette la plume et le papier qu'on lui présente, se lève avec impétuosité, leur reproche fièrement leur audace; on dit même qu'il les chargea avec son épée. Aussitôt, Bennigsen donne l'ordre de sa mort. On se jette sur lui, on le presse, on le saisit ; il se débat. Enfin, il parvient à s'échapper de leurs mains, et s'élance à une petite porte communiquant par un escalier au poste de sa fidèle garde cosaque. Son salut était là ; mais le bouton de la serrure (Alexandre le montrait avec horreur, peu d'années après, à son vertueux instituteur, M. Delaharpe), le bouton trop poli glissa sous ses doigts, la porte ne s'ouvrit point. Il court se cacher derrière des drapeaux français, dressés dans un angle, près d'un paravent.

Les conjurés ne le voyant plus se crurent un moment perdus, quand Bennigsen, qui avait moins bu que la plupart, aperçut ses bottes, que les drapeaux ne couvraient pas. Il le montra du doigt aux autres, qui le tirèrent avec violence au milieu de la chambre, en lui répétant : « Signe, ou la mort! » Ici s'engagea une lutte qui, bien qu'inégale, dura long-temps, soit qu'on ne voulût point employer le fer, afin de laisser à sa mort l'apparence d'un accident naturel ; soit que, par déférence aux sentimens d'Alexandre, ils fussent disposés à épargner sa vie, en remettant à un autre temps l'acte final de cette tragédie. Plusieurs sont froissés ou blessés. L'un d'eux s'arme d'un carré en plomb, servant à assujettir des papiers, et en assène sur la nuque du prince un coup à plat qui lui jette la face sur la table. C'est alors qu'on se met en devoir de l'étrangler.

K..... portait sur lui, depuis quelque temps, un cordon de soie, tenant par chaque bout à une poignée en bois, instrument préparé exprès pour cet usage ; mais il l'avait oublié dans la chaleur du festin. Ce fut l'écharpe même de Paul qu'on serra autour de son cou !

Le rôle de Pahlen, dans cette soirée, fut de laisser le débat entre l'empereur et ses meurtriers, et d'en attendre l'issue avec des moyens disposés selon l'une ou l'autre chance. Par exemple, il manda chez lui, ce soir-là, tout ce qui, à Pétersbourg, était capable ou en position de donner un ordre, ou de prendre quelque résolution ; il les retint consignés dans l'attente d'une importante communication. Si la fortune sauvait Paul, cette communication eût été de voler à son secours sans pitié pour des conspirateurs malheureux. Mais ici, ils n'y eut qu'à reconnaître le successeur, et à prêter, tous ensemble, leur foi et hommages au fils consterné, pendant que le médecin anglais Rogerson donnait vainement ses soins au corps inanimé du père. Pour rendre justice à ce docteur, j'efface un trait odieux que m'avait cité de lui un zélé serviteur de Paul, mais qui me semble démenti par son caractère et par la considération dont il a toujours joui depuis à Saint-Pétersbourg. Les soupçons n'abondent que trop dans ces ténèbres d'iniquité, et puissé-je n'avoir pas été injuste envers d'autres ! C'est dans cette crainte que j'ai supprimé les noms, hormis deux ou trois, trop connus.

Ainsi périt dans son palais, par les mains de quelques courtisans, après un règne de quatre ans et quatre mois, un puissant monarque, destiné a n'avoir de vengeur que l'histoire. Ni l'autorité, ni l'opinion même ne firent justice. La position du nouvel empereur et de l'impératrice veuve ne leur permettait point de mesures dignes d'eux. Seulement, le comte Pahlen, privé de ses honneurs, fut écarté, exclu seul de l'amnistie, lui qui avait le moins osé de tous ! Ses mains étaient pures de sang ! Cette exception confirmerait le rôle étrange que l'on s'accorde à lui prêter ici, sans cela il faudrait douter d'un tel machiavélisme, car la surveillance d'un complot régicide est bien scabreuse; toujours accusable, selon l'événement, d'avoir ou inventé, ou mal connu, ou même laissé faire le coup, M. Fouché, avec tous ses amis, faillit être accablé par la secousse du 3 nivose, quoiqu'il l'eût signalée d'avance. La probité de M. de Caze, malgré la haute faveur de Louis XVIII, succomba au poignard de Louvel. Et le jour où le fanatique La Sahla tomba blessé d'une explosion qu'il allait diriger contre Napoléon, moi, qui voyais tous les jours cet assassin, naguère bien connu de moi comme tel, aurais-je pu échapper aux plus noirs soupçons, sans la haute raison et la noble confiance de l'empereur? Qu'on me pardonne cette digression, que je pourrais étendre davantage, et qu'elle serve à la famille du comte Pahlen, si elle veut tenter de le justifier.

Une autre satisfaction donnée à la morale publique fut, après la première effervescence du crime triomphant, de faire passer ce barbare attentat pour un coup d'apoplexie. A cet égard, les complices de Berlin (car de là est partie la première idée du complot), ces réfugiés, dis-je, n'étant pas dirigés ou réprimés par le sentiment délicat d'Alexandre, donnèrent un singulier spectacle. La relation fidèle de la catastrophe apportée par un courrier au comte Panin fut dévorée en comité par les affidés, avec la précaution de brûler chaque feuillet à mesure qu'il était lu. Ils en répandaient sans trop de mystère les détails, même avec une sorte d'exaltation, quand arriva la nouvelle version, selon l'étiquette, avec le grand deuil de cour, pour le *monarque enlevé trop tôt à l'amour de ses peuples et de sa famille!* Il ne fut plus question de tyran, de vengeance des héroïques libérateurs. Les figures et le langage changèrent subitement, comme la couleur des habits.

Je connais un virement diplomatique, qu'on peut mettre à côté de celui-ci. Quand on sut à Rastadt l'assassinat de nos plénipotentiaires, exécuté la nuit même, il y eut parmi les membres du congrès un cri d'horreur et d'indignation. C'était un attentat inouï, dont ils signalaient les auteurs à l'exécration. Le soir on en parlait comme d'une maladresse qui allait donner au directoire une levée de deux cents mille hommes; le second jour, le meurtre prémédité devint douteux, et le lendemain on allait le dénier, quand on trouva plus simple de l'imputer au directoire lui-même. Puis on n'en parla plus. Le crime venait de se commettre aux portes de la ville où siégeaient les graves personnages qui en jugeaient ainsi. O vérité de l'histoire !

Si l'on recherche les vraies causes qui ont perdu Paul Ier, il faut éloigner tout élément d'ambition dans la famille régnante; elle souffrait de l'humeur et du régime de son chef; mais, sans s'écarter des devoirs d'une respectueuse soumission. Quant aux grands qu'on voit en première ligne dans l'exécution, ils ont jugé les circonstances et ont osé, mais comme instrumens, selon mon opinion. Des ressentimens d'exilés, des mécontentemens et des craintes de cour, ne sont pas des ressorts assez puissans pour opérer une telle révolution. Si Catherine a renversé son mari, c'est en prenant son point d'appui sur le trône même. Mais qu'une poignée de sujets forment le plan de détruire le souverain à force ouverte; qu'ils y réussissent avec facilité en présence de sa garde, des autorités, de sa famille, et dans sa capitale; qu'en laissant la succession au trône, suivre l'ordre naturel, ils se maintiennent constamment en impunité, même en faveur, cela tient à des causes au-dessus du pouvoir des individus.

J'en distingue deux principales, l'une à l'intérieur, la seconde au dehors. Savoir : d'une part, la position isolée de Paul Ier dans son empire, et de l'autre, le grand intérêt que la politique étrangère dut attacher à la chute de ce prince.

Catherine II, soit qu'elle manquât d'affection pour un fils dont elle avait sacrifié le père, soit qu'elle ne trouvât point en lui cette grâce, cette élévation dont elle offrait le modèle, le traita toujours avec une froideur et presque un dédain marqués. Elle le tint à une grande distance de ses conseils comme de ses bonnes grâces. Et, tandis que tant de favoris, de ministres et de généraux recevaient le reflet des grandes choses auxquelles elles les appelait, Paul resta à l'écart, étranger à tout, isolé de tous, peu touché de ce drame brillant, dont il était exclu, et d'une gloire qui rendait plus pénible son obscurité. Enfin, déshérité à l'avance, puisque ses propres fils étaient comblés des soins et des tendresses de la souveraine, qui, les approchant du trône, se plaisait à les offrir à l'espérance de sa cour et des peuples.

Telle fut la situation de ce prince jusqu'à l'âge de quarante-deux ans. Il est beau que son jugement, ses principes et ses mœurs n'en aient pas été altérés. Il ne s'est donné aucun tort dans sa conduite privée ou politique; ce qui arriva au grand Frédéric envers son père. Il est vrai que ce père fut inférieur à Catherine, et

Paul n'eut pas le génie de Frédéric. Peut-être un tel ressort l'eût-il relevé de l'abaissement où le tenait sa mère, ou lui eût-il préparé, dans l'estime publique, des liens et des appuis qui manquèrent à son règne.

Heureux du moins, si, à défaut de ces hautes facultés, son caractère fier et âpre eût pu être brisé par une si longue compression; si, se résignant à continuer Catherine, il eût laissé les hommes et les choses suivre l'impulsion donnée! Loin de là, porté de la disgrâce au trône par la mort subite de sa mère, il saisit les rênes de l'état d'une main brusque et sévère. Il ne se vengea point, mais ne rassura personne. Manquant à la fois d'abandon et de mesure, de souplesse et de vues fixes, il ne pouvait ni entraîner les conseils ni les conduire. Il les effrayait plus qu'il ne les dominait. On se rappelle cette caricature qui le représentait en pied, portant écrit sur une main, *ordre!* sur l'autre, *contre-ordre!* sur le front, *désordre!* « Qui sait, disait alors de lui Napoléon, c'est peut-être un grand homme embarrassé? » Il est vrai que son gouvernement soldatesque, ses résolutions improvisées, variables, étranges même, donnaient lieu de le traduire en Europe comme un fou, moyen propre à préparer et motiver une catastrophe.

Toutefois, il fallait pour la décider une de ces circonstances graves, qui, au milieu de tant d'élémens hostiles, viennent prêter au crime un voile de bien public. C'est ce qui advint quand Paul, irrité par des revers qu'il imputait à la mauvaise foi de ses alliés, rappela ses armées, et se sépara avec humeur de la coalition. Cet abandon, véritable révolution dans le système européen, força l'Autriche à la paix en une campagne. L'Angleterre restait seule. Alors, fut formée contre elle par le czar cette *neutralité armée* des trois puissances maritimes du nord. L'ambassadeur britannique, lord Withworth, quitta la cour de Saint-Pétersbourg. Il en connaissait bien les mystères !... Peu après, le même ministre revenait à bord de l'escadre qui bomborda et soumit Copenhague, le 2 avril, neuf jours avant que Paul Ier avait succombé. On a cru que cet avis, jeté à propos au prince royal de Danemarck avait pu contribuer à mettre fin à son héroïque résistance. La note qui suit fut insérée alors dans le *Moniteur* :

« Paul Ier est mort la nuit du 24 au 25 mars. L'escadre anglaise passe le Sund le 30. L'histoire nous apprendra les rapports qui existent entre ces deux événemens. »

En Effet, par ces deux grands coups, frappés au même moment, l'Angleterre vit tomber cette coalition des marines du nord, qui heurtait le principe de sa domination. Elle ressaisit l'influence dans les conseils russes qui s'étaient rapprochés de la France. Ainsi furent à la fois vengés et délivrés tous les ennemis de Paul, et l'intérêt anglais!

Treize ans après, presque jour pour jour, son fils Alexandre aidait puissamment la Grande-Bretagne à détrôner l'autre empereur, mort en captivité à Sainte-Hélène.

Encore treize ans, et ce même Alexandre, tranquille tant qu'il se laissa bercer d'un songe de dictature morale sur l'Europe, trouve en se réveillant ses armées travaillées de conspirations, pires que toutes celles qu'on l'occupait tant à étouffer ailleurs. Bien plus, on interdit à cet Agamemnon européen de mouvoir ses propres troupes dans une cause d'honneur, d'intérêt et de nécessité pour la Russie.

Ce prince, paralysé dans les entraves et les regrets d'une longue aberration politique, ayant toujours à ses côtés l'ombre de son père et ses meurtriers, tomba enfin dans le marasme et le délire. Et les derniers cris de sa raison : « Quelle action abominable !!! » rapportés par son médecin anglais, Whilly, laissent indécis s'il songeait alors au meurtre de Paul, ou à la triste fin de Napoléon.

CRISE MILITAIRE.

OCTOBRE 1800.

Octobre 1800. — Bonaparte et M. Mathieu, ex-membre du conseil des cinq-cents. — Inventaire général de l'esprit religieux superstitieux et mystique en France. — Résultat. — Salon de Joséphine. — Les billets de confession. — Opinion de Napoléon à ce sujet. — Monge. — Ce qui prépara la restauration des Bourbons. — Crise menaçante. — M. Talleyrand. — Conjuration dans l'armée. — Bernadotte. — M. Rapatel. — Moreau et ses casseroles d'honneur. — M. Fouché. — Rivalité de Moreau et de Napoléon. — Duel étrange. — M. Lombard Taradeau. — Événement de cour.

Vers le mois d'octobre 1800, le premier consul demandait à M. Mathieu, ex-membre du conseil des anciens : « Qu'est-ce que c'est que vos théophilantropes ? Quels dogmes ? est-ce une religion ? » M. Mathieu, homme de lumières et de droiture, lui expliqua que cette doctrine avait pour base les préceptes de la loi naturelle; pour but, la pratique et l'amour des vertus et de tous les devoirs ; en un mot, une religion purement morale et sociale. — « Oh! reprit vivement Napoléon, ne me parlez pas d'une religion qui ne me prend qu'à vie, sans m'enseigner d'*où je viens* et *où je vais.* » C'était mettre la question dans son vrai point, au fond des plus intimes affections de l'homme. Mais voulant y ajouter l'autorité des faits, il conçut l'idée singulière d'évaluer la somme de toutes nos croyances par un inventaire général de l'esprit religieux, superstitieux et mystique en France.

Par une correspondance très suivie, il fit recueillir dans chaque localité, non seulement ce qui restait d'attachement aux choses de religion, mais aussi tous les genres de superstitions, de préjugés et coutumes populaires ayant quelque trait au spiritualisme. Ce travail, auquel M. Fouché eût pu trouver un certain côté ridicule, fut confié à M. ***, parent de M. Maret, et qui depuis passa au ministère des cultes. Il y employa plusieurs mois. Vraiment la matière fut abondante, depuis les prodiges et les pélerinages jusqu'aux sorciers et aux tireuses de cartes! Le nombre des adeptes dépassa tout ce qu'on avait pu présumer; et cela, dans toutes les classes de la société, et en beaucoup de lieux, par masse de population.

La France n'était donc pas matérialiste ni bornée à l'indifférence ou à un pur déisme. Combien donc d'autres penchans à satisfaire et à régler en elle, combien de croyances obscures à épurer en leur ouvrant un cours vers des communions publiques, et par les pratiques d'un culte avoué. C'était l'œuvre de son législateur; le concordat fut donc résolu ; il l'était d'avance dans le secret de sa politique et de ses penchans religieux, dont je pourrai parler ailleurs........ Même un soir qu'il s'en expliquait au cercle de Joséphine, Monge lui dit : « Espérons pourtant qu'on n'en viendra pas aux billets de confession! — Il ne faut jurer de rien, » reprit sèchement Napoléon.

D'ici date le refroidissement de beaucoup d'hommes pour lui en France et à l'étranger, mais surtout des lettrés et universitaires italiens et allemands. Ils en avaient fait leur héros, destiné à compléter les réformations modernes. Son pacte avec Rome signalait des vues bien différentes. Leur enthousiasme se changea en un profond ressentiment, qui, aigri par des motifs divers, finit, en 1814, par amener l'énergie révolutionnaire, à restaurer la famille des Bourbons, et le génie du chisme et du protestantisme, à replacer le pape au Vatican.

Le même concordat a produit en France, non pas une secousse, mais une crise sérieuse, je dirai même menaçante, quoiqu'elle ait été peu sensible pour le public (1). C'est dans le haut militaire qu'elle eut son foyer. La plupart des principaux chefs de l'armée, réunis alors à Paris, firent éclater leur mécontentement contre cet acte, soit dépit contre une institution qu'ils avaient combattue, soit qu'ils vissent là un premier pas du général Bonaparte pour sortir de leurs rangs et s'élever, sans eux, à d'autres destinées, soit enfin rivalité de quelques ambitions jalouses. Je m'abstiens de particulariser des noms et des détails; mais les résolutions les

---

(1) M. Talleyrand en parle dans son discours à la Chambre des Pairs sur la mort de l'évêque d'Evreux, un des auteurs du concordat : « Napoléon.... s'occupa du concordat, malgré l'opposition des petits publicistes d'alors, et malgré des dangers personnels qu'il n'ignorait pas, etc.» (*Journal des Débats*, 15 nov. 1821.)

plus violentes furent proposées. Le premier consul, renversé de son cheval à la parade, devait être foulé aux pieds par ce tumultueux état-major.... Ainsi, plusieurs des généraux, qu'on prétend s'être rebutés en 1814 contre la continuation de la guerre, se mutinaient ici contre une mesure de paix. Si ce ne fut pas une conjuration à mort, c'est qu'il y manqua le mystère et un chef assez sûr de succéder pour donner l'élan et garantir à tous l'impunité. Tout cela était si bruyant et si divisé, que Napoléon n'ignorait de rien; et la police, qu'on a vainement accusée d'inaction alors, n'avait pas à prendre l'initiative des mesures. Lui-même ordonna donc d'arrêter et d'éloigner trois ou quatre personnages secondaires, ce qui suffit à calmer la bourrasque à Paris.

Mais l'impulsion donnée dans quelques parties de l'armée continua son effet. Bernadotte, commandant l'armée de l'Ouest, se trouvait alors à Paris. A son quartier-général de Rennes furent imprimés trois libelles, en placards, sous la forme d'*adresse aux armées françaises*. Les injures y étaient prodiguées contre le *tyran corse, l'usurpateur, le déserteur assassin de*

Kléber....... Des sarcasmes contre ses *capucinades*, un appel à l'insurrection et à l'*extermination*, rien n'y était épargné. L'envoi en fut fait par la poste à tous les généraux, chefs de corps, commandans de places, commissaires des guerres, etc., etc. Il m'en est resté un exemplaire avec son enveloppe et son adresse; on le trouvera à la suite de ce récit. Il est vrai que pas un seul de ces paquets ne parvint à sa destination, excepté le premier de tous, expédié dans un panier de beurre par la diligence de Rennes, à M. Rapatel, aide-de-camp du général Moreau, à Paris. Ceci donna lieu à un incident qui mérite d'être rapporté.

Le premier consul ne put pas douter que ce général ne fût au moins dans la confidence de cette dangereuse circulation qui jetait des brandons dans tous les rangs de l'armée. Il enjoignit au ministre de la police d'avoir avec lui une explication. Elle fut peu satisfaisante. Moreau se tint sur un ton léger de réserve à peine négative; affectant de plaisanter sur cette *conspiration de pot à beurre*, comme à sa table et dans son salon on décernait à son cuisinier *une casserole d'honneur*, et un *collier d'honneur* à son chien. M. Fouché, avec tous les égards qu'il portait, d'ailleurs, à Moreau, rendit compte au premier consul qui lui dit : « Il faut que cette lutte finisse. Il n'est pas juste que la France souffre, tiraillée entre deux hommes..... Moi, dans sa position et lui dans la mienne, je serais son premier aide-de-camp... S'il se croit en état de gouverner... (Pauvre France !) Eh bien ! soit ! Demain, à quatre heures du matin, qu'il se trouve au bois de Boulogne, son sabre et le mien en décideront; je l'attendrai. Ne manquez pas, Fouché, d'exécuter mon ordre. »

Il était près de minuit quand le ministre revint des Tuileries avec une si étrange commission. J'étais présent; Moreau fut appelé sur-le-champ. En l'absence du secrétaire intime (M. Devilliers), qui était à Lyon pour se marier, c'est M. Lombard-Taradeau, secrétaire général, qui à mon refus, dont on devinera le motif, fut envoyé et le ramena avec lui. Le secret a été strictement gardé entre nous trois, mais il a dû être connu des alentours de Moreau. On juge assez que la prudence conciliatrice du ministre dut s'interposer avec succès. Par accommodement, le général consentit à se rendre le lendemain au lever des Tuileries, où il ne paraissait pas depuis quelque temps. Napoléon, prévenu dès la nuit même, l'accueillit parfaitement; et cela fit un événement de cour, sans que personne se doutât que, peu d'heures avant, ces deux hommes devaient se mesurer à coups de sabre. Mais la suite a montré que les cœurs n'en restèrent pas moins ulcérés.

ENTREPRISE

DE GEORGES CADOUDAL, PICHEGRU ET AUTRES,

EN 1804.

Ressorts secrets de l'Angleterre. — Mission du général Desnoyers et de M. de la Rochefoucault près de Louis XVIII, à Varsovie. — Message du général Lajolais. — Monsieur, comte d'Artois. — Londres. — Moreau travaillait-il pour les Bourbons? — Georges part de Londres. — Débarquement. — Pichegru. — Entrevue. — Bonaparte est bien inspiré. — M. Desol de Grizolles. — Exécution de Picot et Lebrun. — Révélations de M. Querelle. — MM. Roger et Coster-Saint-Victor. — M. Bouvet de Lozier. — Moreau. — Suicide de Danouville. — Sept heures du matin. — M. Réal révèle le complot à Napoléon. — Napoléon fait un signe de croix. — Instruction secrète de Napoléon au grand juge. — Moreau repousse les Bourbons. — Georges est arrêté. — Poignard de Georges. — Moreau meurt républicain. — MM. de Polignac, l'aîné, marquis de Rivière. — Lettre de Madame de Polignac. — Le Générale Hullot. — Opinion de Pichegru sur les Bourbons. — Mépris de Georges pour les nobles. — Portraits et considérations. — Dictature de M. Thuriot. — Ce que voulaient les conspirateurs.

La conjuration des généraux Pichegru et Georges, à laquelle le général Moreau se trouva lié, a été le sujet d'un long procès et de discussions publiques auxquelles tout le monde a pris part comme à une cause de famille ou à une querelle de parti. L'impression des pièces a tout mis au grand jour; et les accusés s'étant fait, depuis, un mérite de ce qu'ils s'efforçaient alors de nier, il ne reste personne à éclairer ni à convaincre. Je me borne donc, en me dégageant de tout ce qui est connu, à rapporter diverses particularités qui le sont moins. Je tâcherai de fixer de part et d'autre la marche et le véritable esprit de la lutte par des faits nouveaux, et par quelques considérations que la chaleur des débats et l'agitation des esprits n'ont pas permis alors de saisir.

L'on aperçoit d'abord le but fixe et avoué de détruire par une attaque à main armée la personne du premier consul.

Un autre point aussi constant, c'est que le renversement projeté se liait à des moyens immédiats de remplacement. C'est-à-dire qu'on était décidé à abattre ce chef sous la certitude de saisir dans sa main les rênes de l'État. La révolution résumée par lui à un pouvoir unique et à vie ne leur semblait plus qu'une question individuelle aisée à trancher en faveur des Bourbons.

Enfin j'admets encore pour certain que l'exécution de ces vues roulait sur l'action combinée et des officiers royalistes accablant à l'improviste le consul, et de Pichegru ralliant quelques portions d'anciens militaires et de constitutionnels, et surtout du général Moreau, déterminant par son influence l'armée, et les conseils à accepter la royauté en échange du consulat.

C'était donc un *trois nivose* cumulé avec un *dix-huit brumaire*. Le premier cri devait être : *Meure Bonaparte!* et le second, *vive le roi!*

Le moment paraissait opportun. Napoléon, en écartant M. Fouché, avait comme dissous la police dans le ministère de la justice. Le rappel des émigrés n'altérait point le calme intérieur ; la paix régnait sur le continent. Mais la rupture du traité d'Amiens remettait la France aux prises avec l'Angleterre. Celle-ci, menacée dans ses foyers, armait son territoire et son esprit public, et tendait tous ses ressorts secrets pour une lutte de complots, à défaut de guerre civile et étrangère. La bannière ne portera plus cette fois : *Guerre à la révolution!* mais, *union des révolutionnaires avec les royalistes !*

Bientôt le général Desnoyers, de l'armée du

Rhin, de concert avec M. de la Rochefoucault et d'autres condéens rentrés, va offrir à Louis XVIII, à Varsovie, l'hommage d'un ralliement de tous les partis contre le gouvernement consulaire. Son grade semblait répondre pour l'armée.

Un message plus imposant, le général Lajolais, se disant porteur de paroles du général Moreau, arrivait à Londres. Monsieur, comte d'Artois, lieutenant-général du royaume, y résidait avec un nombre d'émigrés marquans et quelques centaines d'hommes, reste de nos guerres civiles dans le Midi et l'Ouest. Georges Cadoudal, du Morbihan, dirigeait ces derniers.

Pichegru, évadé de Cayenne, était venu se ranger à la même cause, et fraternisait avec Georges. Étrange disparate sans doute; mais on voulait capter l'armée, et il était le lien qui devait rattacher et entraîner Moreau, selon les assurances déjà données par Fauche-Borel et l'abbé David. La mission de Lajolais les a-t-elle confirmées? Moreau lui avait-il donné son adhésion aux Bourbons qu'il aurait ensuite retractée, comme on le verra? ou bien, les intentions ultérieures sur cette question furent-elles dissimulées et peu arrêtées d'abord, ou infidèlement rapportées par ses intermédiaires? ou enfin, ce qui me paraît plus probable, n'a-t-on voulu voir à Londres dans l'hésitation de Moreau par rapport aux Bourbons qu'un reste de scrupule et de pudeur républicaine, que l'entraînement de l'action ferait disparaître comme cela est arrivé à l'empereur d'Autriche en 1814 par rapport à sa fille et à son petit-fils? C'est là ce que je ne saurais déterminer.

Sur cette base douteuse, une expédition secrète contre la personne de Napoléon fut décidée, et l'on se mit en marche. Le général Georges Cadoudal, avec un premier peloton de ses officiers, partit de Londres pour Paris. Un cutter anglais, capitaine Wright, de la marine royale, les porte au pied de la falaise de Biville, entre Dieppe et le Tréport. Un agent, expédié à l'avance, avait tout disposé pour les y recevoir, et les logemens étaient faits jusqu'à Paris, le long d'une route obscure, chez des villageois isolés. Leur arrivée à la côte est du 21 août 1803. Sept autres débarquèrent au même lieu, du 10 au 20 décembre.

Mais le général Pichegru, avec un troisième détachement, où étaient MM. de Polignac, le marquis de Rivière, Lajolais, n'y arriva que le 16 janvier, cinq mois après le général Georges.

Que ce dernier soit venu trop tôt, ou Pichegru trop tard, c'est ce qui n'est pas présumable dans un plan de cette importance. D'un autre côté, Georges n'a fait dans l'intervalle aucun voyage, excepté à la côte, pour recevoir Pichegru. Il n'a pas eu de négociations à suivre à Paris ; car je n'appellerai pas ainsi quelques entretiens de son aide-de-camp Joyaux avec son compatriote M. Fresnières, secrétaire de Moreau ; d'ailleurs, ces négociations étaient réservées à Pichegru. Enfin, on sait que les moyens matériels en armes, uniformes, chevaux, poudres, n'ont pas exigé un temps si considérable.

La cause de ces longs délais, si dangereux, puisqu'ils ont tout ruiné, mérite d'être considérée. Ce que je vais dire est de pure conjecture et d'après mes propres inductions, que chacun pourra apprécier. Georges, dans sa nouvelle position, qui avait élevé ses vues, tenait fortement à une idée particulière : c'était de n'être pas un *aventurier* ou un *assassin par or-*

dre (1). Il marchait contre le consul à deux conditions : d'abord, de le frapper de l'épée dans un choc militaire, et non sous les formes clandestines du meurtre; et ensuite, que le comte d'Artois, lieutenant-général du royaume, serait de sa personne à Paris pour donner le signal de l'attaque, et s'emparer aussitôt du mouvement politique.

Or, pour le premier objet, Georges s'était fait fort de réunir dans la capitale une élite de deux cents à deux cent cinquante hommes. Aussi, dès avant son départ de Londres, il avait envoyé en Bretagne son lieutenant Debar, qui lui mandait « qu'ayant sondé ceux qu'il croyait les plus propres à l'opération (ce sont ses termes), il ne trouvait que des gens apathiques, ou effrayés des surveillances exercées sur eux à Paris, etc., etc. » Au mois de janvier 1804, un autre officier (Lahaye-Saint-Hilaire) fut expédié de Paris, par Georges, avec trois cents louis pour presser ces levées. Mais sa mission tardive fut sans effet, à cause des événemens qui, dans le même temps, vinrent rompre toute la trame.

(1) Voir la fin de mon exposé sur le *Trois Nivose*.

Il paraît donc qu'à la fin de janvier, quand la conjuration fut éventée, Georges, après cinq mois, avait au plus quarante ou cinquante hommes ralliés à lui, encore, plus de la moitié en avait été tirée d'Angleterre. Je n'y comprends pas un nombre de volontaires normands et picards, gentilshommes ou autres, dont les services pour l'exécution pouvaient lui paraître précaires.

Ainsi, l'une des conditions voulues par lui-même, échappait à ses efforts. L'autre condition, l'arrivée du prince, étant subordonnée à celle-là, se trouvait suspendue; et elle devint bientôt impossible, quand Moreau, abordé par Pichegru et Georges, se montra tout-à-fait éloigné de seconder leur mouvement, tel qu'ils l'entendaient, et de lier sa fortune avec la contre-révolution. Dès lors, l'espoir d'une forte recrue intérieure étant en partie déçu, et le nœud politique et militaire manqué, il ne restait plus aux conjurés venus du dehors, que la ressource d'un coup désespéré ou d'une prompte retraite.

Pourtant, l'administration ne savait rien encore, quoiqu'on ait prétendu qu'elle eût préparé et mis en jeu tous ces ressorts! Ce ne fut, en effet, que cinq jours après le refus de Moreau, qu'une première révélation (29 janvier), vint nous éclairer sur nos dangers, dont nous n'avions qu'un pressentiment confus. Des conscriptions orageuses en plusieurs départemens de l'ouest; des achats de poudres, surpris dans Paris; l'apparition même de quelques-uns des conjurés, dont on s'était saisi par précaution; tout présageait une crise. On se sentait sur un terrain miné; c'est le premier consul qui, de lui-même, indiqua les points à fouiller. La nuit du 25 janvier (presque au moment de l'entrevue de Moreau avec Georges et Pichegru sur le boulevart), il décréta, d'inspiration, la mise en jugement de cinq détenus. Il donna leurs noms de mémoire, ou peut-être sur des états et des rapports antérieurs. Que l'on juge de sa sagacité et de l'à-propos : ici vient échouer la conspiration, tous les cinq en étaient positivement! Je ne puis pas même en excepter l'un d'eux, M....., quoique arrêté après le 3 nivose, il est de nouveau, pour ce fait, détenu. En effet, Georges qui l'avait alors envoyé avec un autre à Saint-Réjant, comme je l'ai dit ailleurs, ne fut pas plutôt arrivé à Paris, qu'il l'avait porté sur ses contrôles, et lui payait, dans sa prison, la solde de cinq louis par mois, comme aux autres conjurés.

Celui-ci, contre qui on ne pouvait avoir que d'anciens griefs, fut acquitté par les juges. Un second, M. Desol de Grizolles, lieutenant du général Georges, le fut aussi par le même motif, puisqu'on n'avait nulle idée du complot actuel; l'on ne sut que le lendemain qu'il en jouait un des premiers rôles. Ainsi absous, il dut au respect de la chose jugée, de ne point figurer avec ses complices dans le grand procès qui suivit.

Deux autres (Picot et le Bourgeois), venus de Londres en même temps que Georges, mais par une autre route, furent condamnés comme espions, subirent leur jugement sans rien révéler, et soulagèrent d'une pénible inquiétude les chefs du complot, attentifs à des jugemens si importans pour eux.

Enfin, le cinquième, M. Querelle, au moment de l'exécution de sa sentence, sauva sa vie en déclarant : « Qu'il avait débarqué à la falaise de Biville, cinq mois auparavant avec le général

Georges et six autres; qu'ils s'étaient rendus tous ensemble à Paris, par des chemins écartés; qu'un nombre plus considérable devait les suivre, et y former, avec des renforts de l'intérieur, un corps de deux à trois cents hommes, pour renverser le premier consul. Il ne savait rien de plus ni même ce qu'étaient devenus depuis les conjurés, ayant été arrêté peu de jours après son arrivée, et gardé au Temple sans aucunes communications (1). » Il ajouta que « M. Desol, jugé la veille, sur le même banc avec lui, et acquitté, était venu au-devant d'eux à Saint-Leu-Taverny, et avait lui-même introduit Georges dans Paris. »

Napoléon, toujours incrédule ou indifférent

---

(1) Une démarche sourde auprès du concierge du Temple pour faire toucher à M. Querelle sa solde dans sa prison, faillit de bonne heure tout découvrir. Cet indice, si certains ménagemens ne m'eussent détourné de le bien suivre, eût pu conduire droit à une maison de la rue Charlot, où était Georges avec plusieurs de son état-major, et ses poudres enfouies dans le jardin. Ces mêmes poudres avaient déjà été le sujet d'une enquête de police, mais qu'on ne put pas pousser assez loin. On voit que ces grandes machines donnent toujours prise, par quelque côté, à un gouvernement attentif.

sur des attaques à sa personne, dit d'abord au général Murat qui, comme gouverneur de Paris, avait reçu la demande de sursis, et les motifs allégués par le condamné : « Ah ! c'est peut-être un homme qui ne veut que sa grâce. Allez voir Desmarest. » Pour moi, j'en fus subitement éclairé : « Georges à Paris! » c'était le mot de l'énigme tant cherché. En même temps, M. Réal, qui se trouvait aux Tuileries, fut envoyé pour entendre M. Querelle, et fit bientôt éloigner tous les apprêts du supplice.

Et d'abord, le point de Biville étant bien indiqué, on envoya prendre dans le voisinage un horloger, nommé Troche. Deux ans auparavant, au débarquement nocturne du marquis de la Maisonfort, une fusillade avait eu lieu à la côte, et une bourre, trouvée sur le terrain, portait l'adresse de ce particulier. On ne l'inquiéta point alors, mais on s'en souvint à propos. Amené cette fois au ministère, après maintes dénégations, il donna tous les détails des trois débarquemens, dont il avait été en effet l'entremetteur. Il dit les dates, le nombre, les noms des principaux, mais rien de Pichegru, qu'on ne nommait devant lui que le général. L'idée que ce fût Pichegru ne vint à personne; on était loin de le supposer dans une affaire où Georges semblait être le chef.

Ce fut alors que le général Savary, aide-de-camp du premier consul, se porta en force à Biville, pour surprendre un quatrième débarquement annoncé comme prochain. Le brick anglais louvoyait en vue; mais bientôt il s'éloigna, soit parce qu'on ne répondit plus aussi bien à ses signaux, soit qu'il eût reçu de terre quelque avis, ou un ordre de Londres. Car l'éveil y était donné par un article du *Moniteur* sur la condamnation de M. Querelle et ses aveux.

Pendant ce temps on explorait sur ses indications la ligne d'étapes et de logemens depuis Paris jusqu'à Biville. Tout fut reconnu, interrogé, avoué. Plusieurs des fermiers, et d'autres plus marquans qui avaient agi en connaissance de cause furent arrêtés. Un de ceux-ci, M. Danouville se pendit dans sa chambre le jour de son entrée au temple.

Tout ceci donnait quelques lumières sur les hommes armés cachés dans Paris. Le premier qui fut pris (8 février) fut le domestique de Georges, nommé Picot, et deux autres avec lui chez un marchand de vins rue du Bac. Une carte de fournitures qu'on y trouva portait une adresse rue Saintonge, où l'on courut; et l'on y surprit MM. Roger et Coster St.-Victor. Ce dernier avait figuré au *Trois Nivose*. Enfin de proche en proche on s'assura en moins de quinze jours d'une partie des autres.

Mais alors, c'est-à-dire jusqu'au 14 février, l'on n'apercevait toujours que Georges et les siens. L'autorité ne cherchait même pas au-delà, quand un des principaux royalistes, dans un accès de désespoir, mit tout à coup en avant les noms de Pichegru et de Moreau ! Cet officier, M. Bouvet de Lozier, arraché par les gardiens de sa prison aux horreurs d'un suicide presque déjà consommé, demanda à paraître devant le ministre. Là, au milieu de la nuit, les yeux et le visage gonflés de sang, et, comme il le dit lui-même, *couvert encore des ombres de la mort,* exaspéré des désastres de son parti, qu'il impute à la défection de Moreau, il dévoile sans ménagemens « *les promesses portées à Londres en son nom par Lajolais;* par suite l'arrivée de Pichegru, ses conférences avec Moreau, qui substituait maintenant des vues personnelles aux engagemens pris dans l'intérêt de la cause royale. »

Qu'on se représente M. le comte Réal portant à sept heures du matin une telle révélation au premier consul qui était entre les mains de son valet de chambre Constant. — « Vous avez donc du nouveau, Réal?—Oui, général, et même tout ce que vous pouvez imaginer de plus fort. — Eh bien! dites... Oh! parlez devant Constant. — Puisque vous l'ordonnez, je vous dirai que Pichegru est à Paris; que Moreau... » Napoléon se lève, met sa main devant la bouche de M. Réal, fait dépêcher sa toilette, et dès qu'il est libre : « Voyons cela, » dit-il. Dès les premières explications, il se tourne en s'éloignant un peu par un mouvement subit, et fit de la main sur sa figure un geste rapide, mais très sensible, qui parut, ou plutôt qui était bien un signe de croix. Puis il revint tranquillement écouter, et dit ces singulières paroles : « Ah! je comprends maintenant les choses. Je vous ai déjà dit, Réal, que vous ne teniez pas le quart de cette affaire-là. Eh bien! à présent même vous n'avez pas tout; mais vous n'en saurez pas davantage. » Il a fallu 1814 pour nous apprendre le reste.

Il défendit de prendre contre Moreau aucune mesure, tant que la présence de Pichegru à Paris ne serait pas mise hors de doute, car les journaux anglais affectaient de parler de ce général comme s'il se montrait journellement à Londres et aux environs. Mais ces petites ruses ne tinrent pas contre les aveux de M. Roland, ancien ami de Pichegru, et ceux du général Lajolais; l'un l'avait logé chez lui à Paris, l'autre ne l'avait pas quitté depuis Londres.

Dès le lendemain, 15 février, Moreau fut conduit au Temple. Le même jour, le grand-juge, ministre de la justice, M. Régnier, eut la mission d'aller l'y interroger. Voici l'instruction particulière qu'il reçut du premier consul : « Avant tout interrogatoire, voyez si Moreau veut me parler. Mettez-le dans votre voiture, et amenez-le-moi; que tout se termine entre nous deux. » Ainsi fit Henri IV envers le maréchal Biron, son ancien frère d'armes. Comme Biron, Moreau, après quelques momens de réflexion, refusa. Déjà il était en prison; et c'est le grand-juge en simarre qui lui parlait, accompagné d'office par M. Locré, secrétaire général du conseil d'état, deux hommes qui probablement n'avaient jamais parlé à ce général. Comment d'ailleurs avouer avec abandon quelques torts, quand ces torts se rattachent à une procédure où il va de la vie de tant d'autres? Il est dans les procès politiques des positions plus fâcheuses que celle de l'accusé, même sans qu'il y ait faute! cette délicatesse irait jusqu'à envier l'échafaud. Le marquis de Rivière, seulement parce qu'il se voyait gracié, ne disait-il pas le jour du supplice de ses compagnons? « La place d'honneur est aujourd'hui à la Grève! » Pourtant j'ai souvent pensé que M. Fouché, par ses antécédens avec le général, aurait réussi à cette négociation, et trouvé dans son esprit à expédiens et dans la confiance du captif des tempéramens pour concilier d'aussi graves intérêts.

En voulant écarter de mon récit les points débattus et jugés au procès, je sens cependant qu'on peut attendre de moi des éclaircissemens sur une question importante, la seule qui ait divisé les bons esprits. Moreau a-t-il conspiré contre le premier consul? ou le premier consul n'a-t-il pas saisi un prétexte pour se délivrer d'un rival incommode ? En d'autres termes, quelle a été la participation véritable de ce général dans la présente conspiration ? Voici ce qui résulte pour moi de l'ensemble des faits, isolés de toute considération étrangère.

Le général Moreau fut sondé de bonne heure sur de prétendus ressentimens qu'on lui supposait contre Pichegru. Etonné qu'on le crût un obstacle à sa rentrée, il répondit aux premières ouvertures par des expressions d'intérêt pour un ancien frère d'armes exilé. Mais, cet exilé avait d'autres vues pour sa rentrée ; et, tout en ménageant un rapprochement avec Moreau, lui-même s'unissait davantage aux ennemis extérieurs de Napoléon, tandis que Moreau, dans l'intérieur, cédait à des impressions qui l'éloignaient de plus en plus de la cause et de la personne du consul. Il ne partageait plus le premier rang dans l'armée ; le second lui échappait par les avantages que prenait chaque jour le général Murat. Entraîné vers l'opposition, il n'en fut que plus en butte aux suggestions du dehors. Bientôt, on ne lui parlait plus du rappel de Pichegru, mais de ses propres dangers, de leurs griefs communs et de la nécessité de s'entendre contre un dominateur qui menaçait tout.

Ces colloques, reportés à Londres, étaient interprétés dans le sens des vues et des espérances qu'on s'y était faites d'avance, et la position de Moreau y prêtait assez. Mécontent et à l'écart, ne paraissant plus aux audiences et aux cercles des Tuileries, il conservait l'estime du peuple et de l'armée. On en concluait qu'il avait la volonté et les moyens d'abattre celui qu'on appelait son ennemi. Il ne fallait que donner à cette volonté une impulsion par l'ascendant de Pichegru, et à ces moyens un point d'appui par les forces d'exécution du général Georges.

Mais, combien il y avait loin chez Moreau de la mauvaise humeur ou de la haine à la résolution d'un renversement, et de cette résolution à l'action elle-même, surtout dans le but d'une restauration! Car le rôle de Munck est celui pour lequel il avait le moins de disposition. Aussi, dès la première entrevue où les intentions furent précisées nettement et sans intermédiaire, Moreau ne laissa-t-il aucun espoir à Pichegru, son ultimatum fut : « Faites de Bonaparte ce que vous voudrez, mais ne me demandez pas de mettre à sa place un prince Bourbon. »

Ici commencèrent tous ses embarras; il se vit impliqué avec des hommes qui, ayant calculé sur lui, quoique sans lui, semblaient s'être venus livrer à sa foi. Son refus, non seulement ruinait leur opération, mais les jetait eux-mêmes dans un grand péril; et il restait aussi à leur merci, car, ne pas entrer dans toutes leurs vues ne l'exemptait pas des risques d'en avoir connu et approuvé certaine partie. En rompant la négociation, il ne pouvait pas se séparer tout-à-fait de ceux qui avaient traité avec lui; et il fallait être compromis ou vis-à-vis d'eux et de l'opinion, ou vis-à-vis du gouvernement et de la loi.

Déjà, en fructidor an 5, placé dans une alternative semblable, il avait cru éviter le reproche de connivence, en hasardant, à toute extrémité et avec mesure une déclaration confidentielle. Les partisans de Pichegru y virent une dénonciation formelle contre ce général, jusque-là son ami; et le parti adverse, une complicité mal déguisée. Cette fois-ci, il préféra se taire, attendant les événemens; et il a encore

subi le malheur d'une position indécise et équivoque. Les royalistes se vengèrent de leur ruine en l'y entraînant, ne croyant rien devoir à un républicain qui ne les servait qu'à demi. Eux seuls le signalèrent et le livrèrent à l'ennemi qui n'y pensait pas.

On peut apprécier, par tout ce qui précède, l'imputation faite au gouvernement consulaire, d'avoir lui-même ménagé le rapprochement de Pichegru et de Moreau, comme un piége pour attirer et Pichegru et les royalistes de Londres, et les perdre tous ensemble. Quel gouvernement voudrait courir les risques d'une pareille commotion ? et quelles garanties pouvait avoir le premier consul en restant six mois près de ses plus redoutables ennemis, cachés dans la capitale ? N'a-t-on pas vu dans les pièces du procès que les diverses tentatives pour rapprocher les deux généraux sont toutes venues du côté de Pichegru ou de ses amis ? et que le gouvernement français, loin d'en être le provocateur à son profit, a rompu ces négociations dès leur principe? De là, l'arrestation, en 1801, de M. Fauche-Borel, venu à Paris pour cet objet ; celle de M. l'abbé David à Calais, en 1802, lorsqu'il se rendait, pour la seconde fois, à Londres dans le même but. Si le général Lajolais ne fut pas intercepté dans ses courses, du moins tout son procès, sa condamnation, convertie par grâce en une réclusion où il est mort, ont assez prouvé qu'il n'était pas l'instrument de la police ; et s'il l'eût été, comment l'aurait-on arrêté lui-même le 15 février, tandis que Pichegru, qu'il voyait journellement, ne le fut que le 28, après les plus pénibles recherches.

N'a-t-on pas imprimé aussi que c'est M. Querelle qui eut la mission d'aller persuader à Georges de venir à Paris pour l'y faire prendre? Mais Querelle fut arrêté plus de six mois avant Georges, et il ne parla qu'après avoir été condamné. Quoi, le gouvernement séquestrait donc en prison ses propres agens, pour se donner le soin de chercher à grand'peine les ennemis que ces mêmes agens devaient leur livrer?

Je reprends le récit des faits et la poursuite des coupables. Les barrières de Paris étaient gardées. Plusieurs qui avaient pu les franchir furent pris en route; les uns (dont un Cadoudal, parent de Georges) près de rentrer dans leurs landes du Morbihan; trois autres, en essayant, au-dessous de Pontoise, de passer sur l'autre rive de l'Oise, où ils avaient leurs intelligences. Le premier des trois (Deville) fut exécuté; le second, M. Armand-Gaillard, eut sa grâce; son frère, le troisième, se brûla la cervelle au moment d'être atteint par les gendarmes et les paysans ameutés. Voilà le troisième suicide dans cette violente affaire; et, en vérité, le quatrième, celui de Pichegru, bien autrement constaté, ne devait pas causer plus de rumeurs que ceux-là.

Les conjurés, restés dans Paris, ne souffraient pas moins de l'attention générale éveillée sur eux. Un architecte dévoué avait pratiqué pour les chefs des cachettes dans certaines maisons. Mais le grand nombre des autres donnait trop de prise, chaque arrestation, procurant à l'autorité des indices nouveaux, augmentait leurs dangers et les inquiétudes des recéleurs. Il fallut pourvoir à d'autres logemens, et des démarches çà et là pour cet objet excitèrent la curiosité, les indiscrétions, qui servaient de véhicule à la police.

Pichegru, presque réduit à lui-même par la détention de son frère, de MM. Roland, de Lajolais et du général Moreau, osant à peine se fier à d'anciennes connaissances qui étaient fort observées, suivi, jour par jour, sous les noms de Prévot et de Martin, songeait à se cacher à l'hôtel des Invalides, quand il fut surpris, endormi dans le lit de Leblanc, un de ses amis, aide-de-camp (28 février).

Le général Georges, avec ses Bretons façonnés à sa discipline et voués à son sort, tint dix jours de plus, par les relations que ces jeunes gens de famille savaient se procurer dans Paris. Poursuivis de logemens en logemens, ils venaient de lui en assurer un autre au prix de 8,000 fr., pour s'y rendre le soir du 9 mars. Georges monte dans un cabriolet, conduit par le jeune Léridant, son compatriote, qui l'attendait près de l'église Sainte-Geneviève. Mais ce mouvement était prévu dès le matin. Des inspecteurs de la préfecture, embusqués à l'entour, courent après la voiture; deux l'atteignent au bas de la rue de M. le Prince, carrefour de l'Odéon. Ils se jettent, l'un à la bride du cheval, l'autre à la portière; celui-ci tombe mort d'un coup de pistolet au front; celui-là, blessé d'un second coup, signale de la voix et de la main

Georges, sauté hors de la voiture. Un chapelier, sorti le premier de son magasin, l'embrasse par le corps; des voisins aident à le contenir, et tous le poussent ainsi au milieu d'une foule, toujours grossissant, jusqu'à la préfecture. Comme je demeurais près de l'Odéon, j'arrive en même temps qu'eux, après avoir reconnu, en passant, que l'inspecteur tué n'appartenait pas au ministère.

Georges, que je voyais là pour la première fois, avait toujours été pour moi comme *le vieux de la Montagne*, envoyant au loin ses assassins contre les puissances. Je trouvai, au contraire, une figure pleine, à l'œil clair et au teint frais, le regard assuré, mais doux, aussi bien que sa voix. Quoique très replet de corps, tous ses mouvemens et son air étaient dégagés; tête toute ronde, cheveux bouclés, très courts; point de favoris; rien de l'aspect d'un chef de complot à mort, long-temps dominateur des landes bretonnes. J'étais présent, lorsque le comte Dubois, préfet de police, le questionna. Le calme et l'aisance du prisonnier dans une telle bagarre, ses réponses fermes, franches, mesurées et dans le meilleur langage, contrastaient beaucoup avec mes idées sur lui.

Interrogé sur l'explosion du 3 nivose, il dit : « J'ai envoyé de mes officiers pour se défaire du premier consul, ce que je croyais nécessaire, mais sans leur prescrire le moyen d'exécution. Ils ont choisi celui de l'explosion, qui est blâmable, puisqu'il sacrifiait des innocens. » Il ajouta avec la même assurance que cette fois, « son projet était d'attaquer le consul de vive force, mais avec des armes égales à celles des gardes de son escorte. » Je citerai même de lui un trait assez gai. Après qu'il eut reconnu le poignard saisi sur lui, on lui demanda si la marque gravée sur la lame n'est pas le contrôle anglais. « J'ignore, dit-il; ce que je puis assurer, c'est que je ne l'ai point fait contrôler en France. » (Tome 2 du procès, page 89.)

Le chef et sa caisse étant saisis, la crise touchait à son terme. Ses deux meurtres et le coup de poignard donné par M. Burban, peu de jours après, à un agent de police, hâtèrent le dénoûment. Les commissionnaires subalternes de la conjuration sentirent que cela les impliquait dans une affaire de sang et de crime. Ils virent avec effroi quels hommes ils avaient logés, servis, et à quoi les exposaient de tels excès qui pouvaient encore se renouveler. Leurs aveux plus explicites achevèrent de donner le fil des communications entre les conjurés.... Enfin les trois derniers furent découverts rue Jean-Robert dans une *cache* qui avait servi au marquis de Rivière et à M. de Polignac. En sondant de ce côté, on sentit résister la cloison, et bientôt se montra une main cherchant à frapper avec un poignard. Après quelques débats, on fit sortir de là MM. Burban, D'Atry et Joyaux; celui-ci, un des hommes du 3 nivose. Les barrières furent ouvertes le même jour (1).

Je ne dirai presque rien du procès; débats et plaidoiries sont imprimés. D'ailleurs j'ai peu suivi le palais, mais seulement la commotion qu'en reçut l'esprit public. Le conseil d'état avait prononcé que, vu l'évidence des charges, tout serait laissé à la justice ordinaire. Mais le jury fut suspendu par une loi spéciale, et la cour de Paris fut saisie d'une cause où le nom de Moreau divisait déjà l'armée, le peuple et les grandes autorités. Un trait de l'adresse du tri-

(1) Dimanche d'avant Pâques. Ainsi les promenades de Long-Champ, purent avoir lieu; car, autrement, Napoléon avait décidé de maintenir les consignes.

bunat, relatif à Moreau, avait provoqué cette réponse du premier consul : « La loi ne fait acception de personne; si Moreau est innocent, il sera absous par la justice. »

L'on n'avait pas assez prévu les longueurs d'une instruction judiciaire de cinq mois, qui mettrait l'opinion en fermentation et les partis en présence; encore moins pouvait-on s'attendre aux deux incidens funestes qui vinrent répandre sur cet intervalle les plus sinistres impressions. Je veux dire l'exécution du duc d'Enghien, 20 mars ; et quinze jours après, la mort de Pichegru, réputée pire qu'une exécution. Les esprits troublés rêvaient les proscriptions, la tyrannie orientale, ou ces régimes prétoriens de prisons, d'exil et de supplices sous les premiers Césars de Rome. Sous ces tristes auspices, on amène devant les juges quarante-sept prévenus, la plupart pour crime capital. Que d'intérêts et de passions, même louables, sont remués dans les mises en jugement par masse, où tous les cœurs crient merci, où les accusés s'animent au courage des martyrs, où enfin la justice peut craindre de ressembler à de la terreur.

Les regards se fixaient avidement sur Georges et sur Moreau, si différens de caractère, de principes, de carrière, et jugés ensemble sur les mêmes bancs; tous deux voulaient la chute de Napoléon, mais selon des vues très opposées; l'un pour la république avec un président, l'autre pour la monarchie sous un Bourbon; le résultat fut l'institution immédiate de l'empire sous Napoléon. De là, ce mot de Georges : « Nous avons fait plus que nous ne voulions; nous venions donner un roi à la France, nous lui donnons un empereur ! »

A l'audience, une nouvelle face fut donnée à la cause. Les précédens aveux furent modifiés ou rétractés en partie, comme si l'on eût dit aux accusés : « A quoi bon perdre Moreau avec vous, quand son triomphe peut vous sauver avec lui ? » Le point convenu fut donc, *que Moreau soit innocent ;* et le dessous de cette proposition était : « Il n'est coupable que de sa gloire toute populaire, qui offusque une jalouse tyrannie. » Sous-entendu encore que ses co-accusés ne sont après tout que les adversaires de cette même tyrannie. Le gouvernement disait au contraire : « Ceux qui naguère dressèrent une machine infernale contre le chef de l'état, sont encore envoyés par l'ennemi pour le frapper. Moreau, par des communications secrètes avec eux, a connu, a approuvé cette partie de leur plan. Ils lui imputent même de les avoir appelés de Londres par un de ses affidés. Il est accusable selon les lois; mais leur rigueur serait tempérée par la clémence. » Voilà le vrai débat sur lequel le public s'est tant agité; c'est la traduction en langue vulgaire de tout le procès !

Après quatorze jours d'audience, vingt des accusés furent condamnés à la mort, dont huit, entre autres MM. de Polignac l'aîné et le marquis de Rivière eurent leur grâce. — Le général Moreau, M. Jules de Polignac et trois autres, à deux ans de réclusion; cinq renvoyés en police correctionnelle; dix-sept absous.

Le général Georges passa en prières la nuit entière qui précéda le jour fatal, tandis que ses compagnons d'infortune, pour célébrer la grâce accordée à d'autres, faisaient retentir la prison de ce chant connu :

> « Quel bonheur ! ils ont leur grâce,
> C'est nous la donner à tous!

Georges, exécuté le premier, finit ici sa carrière orageuse. Le destin de Moreau était de se mêler, neuf ans après, dans les armées étrangères, encore contre Napoléon, mais pas plus pour l'ancienne dynastie. Il y a péri d'un boulet français; et le parti de la restauration a peut-être plus gagné à sa mort, qu'il n'avait perdu à celle de Georges et de Pichegru (1).

(1) Ceci peut sembler un paradoxe; mais, sans rechercher ce qu'avaient pu faire sous la restauration Georges Cadoudal, qui ne souffrait pas de nobles dans son armée, et Pichegru qui disait déjà que les Bourbons n'avaient rien appris, rien oublié, l'on doit croire du moins que l'empereur Alexandre, s'il fût entré à Paris avec le général Moreau, l'aurait investi du pouvoir, d'accord avec le sénat et l'armée, c'eût été le chef-d'œuvre de la politique russe, car les adversaires, soit des Bourbons, soit de Napoléon, s'y trouvaient aussi rassurés contre les deux dynasties.

Qu'il y ait persisté jusqu'à la fin, c'est ce que prouvera un jour sa correspondance avec Bernadotte, en 1813, pour son retour d'Amérique. Ses amis (entre autres le comte Lanjuinais) voulaient la publier dans la vue de le réhabiliter de sa triste fin dans les rangs ennemis, mais cela leur parut prématuré.

J'ai eu moi-même une lettre de madame Moreau, où elle s'efforce de combattre la répugnance de son mari à

Après avoir tracé sommairement le principe et les ressorts de cette entreprise, qu'il me soit permis d'en résumer quelques traits qui, par leurs contrastes, signalent la puissance de la fortune et le peu d'influence réelle des hommes dans les grands événemens.

C'est Moreau, homme de guerre et non de parti, caractère modéré et peu ambitieux, sur qui s'appuie un plan violent de subversion intérieure, sous l'influence anglaise, et par des élémens de cour, d'émigration et de guerre civile. Désaffectionné plutôt qu'hostile, ce général consulaire, ce républicain laisse le premier consul sous le fer des royalistes, sans prévoir assez ce qui en peut arriver à la république, à la France, à l'armée, à lui-même.

Georges, au contraire, animé d'une haine invétérée contre Napoléon, s'arrête quand il

---

l'égard des Bourbons. Selon elle, « si l'étranger leur est peu favorable, la France, au contraire, les appelait. » Cette lettre, écrite de Paris, fut interceptée par notre armée sur l'Elbe, et je fus chargé de la communiquer à son frère, M. le général Hullot, qui dut se borner à excuser sa sœur.

tient dans ses mains la vie de son ennemi. Un chef de Guérillas règle ses coups sur des convenances d'honneur et de haute politique. Il ne veut plus tirer l'épée que loyalement et pour un résultat décisif. Ainsi, une simple brouillerie de Moreau causait la ruine de Napoléon, et c'est la modération systématique de Georges Cadoudal qui fit son salut.

D'un autre côté, Pichegru, homme de sens et d'expérience, qui plus d'une fois s'est plaint des tergiversations de Moreau, se laisse à présent persuader qu'il va en disposer et le fixer à son gré. Aux premiers mots il est désabusé, mais c'est trop tard, tout est compromis, tout est perdu. Dans son désespoir il se tue, et il arrive que ce coup obscur et solitaire fait plus de mal que tous les complots, en léguant à Napoléon l'imputation d'un indigne assassinat.

Des accidens non moins imprévus se rencontrent dans le parti opposé.

Une loi est rendue sous peine de mort (1er mars, Pichegru était arrêté de la veille) contre ceux qui donneraient asile aux conjurés. Aucun asile n'en fut troublé, ou du moins pas une déclaration spontanée ne parvint aux magistrats. Les logeurs ne furent connus que par l'arrestation de leurs dangereux hôtes ; les juges eux-mêmes infirmèrent cette loi de circonstance en ne l'appliquant point.

Et, tandis qu'un moyen si énergique reste sans effet, un enchaînement d'indices, presque imperceptibles, conduit à connaître et à atteindre successivement tous les prévenus, soit à Paris, soit dans leur fuite. Et, comme si la fortune eût voulu marquer son intervention, le capitaine anglais Wright, en croisière sur son brick *le Vincenjo* (8 mai), est surpris près de l'île d'Houat par un calme, forcé de se rendre à nos canots armés, et amené de son bord devant la cour de justice de Paris, en présence de ceux que peu de mois avant il transportait en France.

Qui ne croirait, à présent, que le gouvernement consulaire, fort de tant d'avantages, soit fortuits, soit combinés, ayant en son pouvoir tous ceux qui se sont ligués pour le détruire, et laissant à la justice la décision de leur sort, touche à une époque de repos et de sécurité ? Au contraire, le procès devient plus menaçant que la conjuration. Les débats, où un général illustre se défend contre des conclusions à mort, excitent une grande irritation. On n'y veut plus voir la poursuite légale d'un délit avoué, mais une odieuse persécution contre un rival; et les juges, au milieu de ce conflit, semblaient moins avoir à rendre un arrêt qu'à prononcer en dernier ressort entre Moreau et Napoléon, entre César et Pompée. C'est ce que le premier consul, retiré dans son château de Saint-Cloud, appelait *la dictature du Palais-de-Justice*, ou pour rester dans ses propres termes, *dictature de M. Thuriot*. C'était le juge instructeur pour cette procédure.

Il importait aux prévenus que Moreau fût mis en cause avec eux, aussi l'accusèrent-ils d'abord. Il leur importa ensuite que, placé sous l'accusation, il fût réputé innocent; aussi, s'accordèrent-ils aux débats pour le justifier! Si, en suivant une tactique opposée, l'autorité eût isolé d'eux ce personnage, si elle eût pu, sans manquer à sa dignité et à la justice, dissimuler les charges élevées contre lui, sauf aux juges à l'entendre comme témoin ou comme inculpé, alors toutes les positions changeaient. Les plus passionnés en faveur de ce général n'avaient nul sujet d'inquiétudes ou de plaintes. D'autres qui crièrent à l'oppression auraient peut-être crié à l'impunité. Mais la conduite de Moreau n'étant plus présentée sous la forme criminelle n'eût point échappé à la censure du public.

Au lieu de cela, ce fut comme une victoire pour l'opinion qu'il n'eût pas été compris dans la sentence capitale. Bientôt une sorte de capitulation se fit avec lui pour son éloignement en Amérique. Tout prit enfin dans le gouvernement l'aspect d'une défaite, ou de ces avantages douteux qu'on se hâte de faire oublier!

Napoléon voulait qu'on publiât un détail historique de cette fameuse conjuration. Son ordre fut laissé sans exécution, quoique d'ailleurs, ce narré eût été rédigé (1). Il voulait aussi qu'on rassemblât dans un dépôt public, comme un monument, toutes les armes diverses des conjurés, avec le nom de chacun de ceux à qui elles avaient appartenu. Cependant tous ces objets, à notre vu et su, se vendirent à l'encan, comme les pièces les plus communes d'un greffe criminel.

(1) J'avais été chargé du travail.

C'est ainsi que le sort se jouant de part et d'autre des volontés fortes, des grands courages des positions et des mesures les mieux calculées, trompaient toutes les prévisions par des résultats inattendus. Ainsi il fit éclore l'empire de Napoléon de la crise préparée pour relever le trône des Bourbons ! Qui eût pensé alors que le germe de leur restauration était attaché à ce nouvel empire ? Et n'a-t-on pas vu depuis des révolutions surgir du sein même des légitimités rétablies ?

En général, ce qui caractérise les grands événemens des temps modernes, c'est le peu d'influence que les individus y ont exercée. Sans nulle exception, les hommes réputés les plus forts n'ont rien dominé, rien conduit, mais ont été entraînés; puissans quand ils suivaient le mouvement, nuls dès qu'ils tentèrent de s'en écarter ! Là fut la véritable étoile de Napoléon, et non pas celle qu'il voyait tout seul de sa haute élévation, à travers le prisme du génie et d'un bonheur constant. Une force au-dessus de tout est en action ; c'est dans elle même, et non dans des supériorités personnelles ou de caste, qu'il faut chercher les moyens de la régir. On peut bien s'en approprier les produits, mais non le mérite. Avec quelle prudente réserve les hommes d'état doivent-ils donc recevoir et administrer les bienfaits de la fortune, c'est-à-dire leurs plus brillans succès?

ENLÈVEMENT
ET
MORT DU DUC D'ENGHIEN.

(MARS 1804.)

Papiers saisis sur plusieurs généraux de l'armée de Condé. — Ordre du cabinet anglais aux condéens. — Le duc d'Enghien obéit aux ordres de l'Angleterre. — Lettres du comte de Lanan au duc d'Enghien. — MM. de Vauborel, de Mauroy de Thumery, de Lanjamets et de Rissous. — Le comte de Cobentzel, ministre d'Autriche. — Revue de tous les princes de la maison de Bourbon. — Dumouriez. — Méprise fatale. — M. le maréchal Moncey. — Révélation. — Sir Francis Drack. — Spencer Smith. — Exaspération de Napoléon; menaces. — Et M. Massias! — Cambacérès. — Paroles de Napoléon. — Un d'Orléans, on le concevrait! — Réflexion.

Je me reporte en idée à l'époque même, et avec le peu de faits et de pièces venues à ma connaissance, je dirai l'impression que j'en ai reçue dans le temps, sans m'occuper des graves discussions soulevées vingt ans après sous des circonstances qui n'étaient plus les mêmes.

TÉMOIGNAGES HISTORIQUES.

Le 21 mars 1804, au matin, une rumeur se répand dans Paris qu'un personnage a été jugé cette nuit et exécuté à Vincennes. Cela sort des marchés et des casernes par des soldats revenant de ce château et par des paysans qui, des environs, apportent leurs denrées à la ville. C'est par cette voie que la police même en a d'abord connaissance, et à son grand étonnement, puisque son chef, M. le comte Réal, avait mission, et se disposait pour aller interroger l'homme dont on annonçait la mort. C'était le duc d'Enghein, arrivé la veille à quatre heures de l'après-midi à la barrière de Charenton, d'où on l'avait dirigé immédiatement sur Vincennes.

Pour apprécier l'importance et la nécessité de cet interrogatoire, il faut faire connaître deux pièces qui en faisaient la base principale. On avait arrêté à Ettenheim (état de Bade), en même temps que le prince, plusieurs généraux de l'ancienne armée de Condé; MM. de Vauborel, de Mauroy, de Thumery qui furent amenés aussi à Paris avec tous leurs papiers. Dans ceux du général Vauborel se trouvait un billet à lui adressé de la main du duc d'Enghien. Je ne puis le citer que de mémoire, on verra tout à l'heure pourquoi : « Je vous remercie, mon cher Vauborel, de votre avertissement sur les soupçons que mon séjour ici pourrait inspirer à Bonaparte, et des dangers auxquels m'expose sa tyrannique influence en ce pays. Là où il y a du danger, là est le poste d'honneur pour un Bourbon. En ce moment, où l'ordre du conseil privé de sa majesté britannique enjoint aux émigrés retraités de se rendre sur les bords du Rhin, je ne saurais, quoi qu'il en puisse arriver, m'éloigner de ces dignes et loyaux défenseurs de la monarchie. *Signé*, duc d'Enghien. »

Dans les papiers du même général, était l'ordre ci-dessus mentionné du conseil privé, enjoignant à tous les condéens pensionnés par l'Angleterre, de se rendre sur le Rhin, sous peine d'être déchus de leur pension. L'ordre était, autant qu'il m'en souvient, du 13 ou du 14 janvier 1804. Je m'en rapporte sur ce point à la chancellerie anglaise elle-même, et pour le billet, à M. de Vauborel ou à sa famille. Comme il honore son zèle prévoyant et le courage du prince, je suis assuré qu'il en aura souvent parlé. Je ne crois pas être démenti par aucun des alentours du prince, que leur position tenait au courant.

Ces deux pièces, vu leur importance, furent portées d'abord au premier consul qui les garda. Mais voici une autre lettre, dont M. Réal possède l'original, adressée au duc d'Enghien, et trouvée dans ses papiers à Ettenheim; elle est du comte de Lanan (colonel du régiment de son nom, à l'armée de Condé). Ses craintes et ses avertissemens nous représentent bien la lettre du général Vauborel. J'en transcris ici textuellement le passage suivant.

Munich, 11 février 1804.

. . . .
. . . .

« Si, comme je le pense, les vues énergiques des gouvernemens qui nous protègent si particulièrement sont reconnues par de grandes puissances, comme le seul moyen de rendre la tranquillité à l'Europe par une paix juste, ces bases seront nécessairement le rétablissement de la monarchie; c'est ce qui me fait désirer vivement que votre altesse ait le projet de s'éloigner un peu des rives du Rhin. Monseigneur verra également que moi, que si l'ennemi a quelques craintes du continent, sa première opération sera de prévenir et d'occuper la rive droite du Rhin, et de couvrir, par leur droite, la partie essentielle de la Suisse, dont l'alliance peut être regardée par eux comme insolide; c'est un coup de main qui ne demande pour son exécution que l'ordre de marcher, et cette idée m'est pénible. La personne de votre altesse nous est trop précieuse pour n'être pas alarmé des dangers qu'elle pourrait courir.

« Je mande à M. de Thumery, sous le secret, les démarches que l'ambassadeur nous a autorisés de faire auprès de MM. de Lanjamets et de Rissous . . . .
. . . . »

Dans une lettre postérieure, 28 février, M. de Lanan accuse réception d'une lettre du prince, du 24, avec l'ordre du jour (probablement de Strasbourg) sur la découverte de la conspiration et sur l'arrestation de Moreau.

Ces lettres, tant de M. de Lanan que du prince ou général Vauborel, et l'ordre du conseil privé auraient dû être produites en justice, car elles se rapportent à un grand plan d'hostilités contre la France, où le prince paraît engagé, tant par les périls qu'on lui signale, que par la résolution de rester à cet avant-poste de danger et d'honneur qui lui est assigné.

Ceci se passait dans la plus grande chaleur des poursuites contre Georges Cadoudal et ses conjurés. Moreau et Pichegru étaient arrêtés ainsi que MM. de Polignac, le marquis de Rivière, Georges lui-même et beaucoup d'autres. Toutes les déclarations s'accordaient sur un projet de destruction violente du premier consul sous les ordres d'un prince Bourbon qui serait de sa personne à Paris. Plusieurs même des subalternes l'y croyaient déjà arrivé. C'est l'idée qui dominait dans l'instruction de ce procès; et la rumeur publique, toujours au-delà du vrai, débitait qu'il était caché dans l'hôtel du comte de Cobentzel, ministre d'Autriche. Des curieux rôdèrent même à l'entour pour y voir, soit le personnage mystérieux, soit l'invasion de l'hôtel par la police.

Le gouvernement eut d'autres pensées, ce fut de faire une reconnaissance de tous les princes de la maison royale de France. Le roi et le duc d'Angoulême étaient à Varsovie; le comte d'Artois, les ducs de Berry et d'Orléans, les princes de Condé et de Bourbon à Londres ; le duc d'Enghien à Ettenheim, à une marche du Rhin. Il fallait s'assurer si quelqu'un d'eux avait quitté sa résidence, ou se disposait à la quitter. L'information sur Ettenheim arriva la première. Un officier de gendarmerie, détaché de Strasbourg, y trouva le duc. On lui nomma les principaux officiers de son état-major, entre autres le général Thumery. L'officier, trompé par la prononciation allemande, entendit le général Dumouriez, et mit ce nom dans sa dépêche. On verra le fatal effet d'une si légère méprise.

Il faut savoir que les officiers de gendarmerie n'exécutaient aucune mission, de quelque part qu'elle vînt, sans adresser le double de leur rapport à leur inspecteur général. Aussi le ministre de la police ne les employait pas pour ce qui exigeait du secret, et ici il ne s'agissait que du fait simple de présence ou d'absence du prince. M. le maréchal Moncey reçut donc le rapport de son officier en même temps que la police ; mais il n'en connaissait ni le motif, ni la portée. Il le présenta tel quel à Napoléon, à onze heures du matin, en venant à l'ordre, tandis que M. le comte Réal allait aux Tuileries plus tard, circonstance légère encore qui fit un grand mal.

J'ignore quelles paroles et quels signes échappèrent à Napoléon devant le maréchal à cette communication; mais, d'après ce qui suit, l'effet dut en être violent comme si une révélation soudaine lui montrait « un Bourbon armé aux portes de Strasbourg, attendant la catastrophe sanglante des Tuileries. Un état-major d'émigrés près de lui, et même un commissaire anglais, car le rapport nommait un colonel Smith. Le général Dumouriez envoyé de Londres doit diriger, par son expérience, les plans d'invasion et les défections. Deux ministres anglais, sir Francis Drake, à Munich, Spencer Smith, à Stutgard, combinent tous les mouvemens et renouent sur cette frontière les trames de Pichegru : enfin, lorsque l'Ouest, au signal donné à Paris par la mort de Napoléon, éclatera en guerre civile, la frontière de l'Est sera de nouveau le théâtre de la guerre et des trahisons. » Cette masse de faits et de pressentimens vint le frapper à la fois. Son âme prompte et irascible s'éclaira de mille lueurs funestes, et rien ne fut capable d'arrêter l'éruption.

En effet, M. Réal venant le soir au travail, trouva le premier consul étendu sur une table où étaient développées de grandes cartes géographiques. Il étudiait la ligne depuis le Rhin jusqu'à Ettenheim, mesurait les distances, calculait les heures de marche... S'arrêtant tout à coup... « Eh bien! M. Réal, vous ne me dites point que le duc d'Enghien est à quatre lieues de ma frontière, organisant des complots militaires! » Le conseiller d'état, étonné de le voir prévenu si à faux, répondit que, précisément il venait l'entretenir de cela, non pour lui apprendre que le duc résidât à Ettenheim, ce qui était assez connu, mais bien qu'il y était encore et ne l'avait pas quitté, seul point qu'il avait chargé un officier de vérifier. » Mais Napoléon s'était remis sur ses cartes, tout entier à ses premières préventions, ne s'interrompant que par des mouvemens d'indignation et de menaces : « Suis-je donc un chien qu'on peut assommer dans la rue?... tandis que mes meurtriers seront des êtres sacrés!... On m'attaque au corps! Je rendrai guerre pour guerre!... » Et à M. de Talleyrand, qui entrait alors : « Que fait donc M. Massias à Carlsrhue, lorsque des rassemblemens armés de mes ennemis se forment à Ettenheim ? » Sur la réponse du ministre, que M. Massias ne lui avait rien transmis à ce sujet : « Je saurai, reprit-il, punir leurs complots, la tête du coupable m'en fera justice. »

Il marchait alors dans le salon, ayant auprès de lui le second consul Cambacérès qui, frappé de ses derniers mots, lui dit : « J'ose penser que si un tel personnage était en votre pouvoir, la rigueur n'irait pas jusqu'à ce point. » « Que dites-vous, monsieur ? répliqua Napoléon, le mesurant de la tête aux pieds, sachez que je ne veux pas ménager ceux qui m'envoient des assassins. » Il ne parla pas ce jour-là de Dumouriez ; c'est le dimanche suivant qu'il dit à son audience : « A l'heure qu'il est, le duc d'Enghien et Dumouriez sont en ma puissance. »

Supposons maintenant que M. Réal, se présentant avant M. le maréchal Moncey, eût dit au consul : « Si un prince Bourbon est à Paris, ce ne peut être le duc d'Enghien, car je viens de m'assurer qu'il est toujours à Ettenheim, où il est fixé depuis plusieurs années. Ce rassemblement d'officiers de Condé auprès de lui mérite attention ; mais ce colonel anglais, Smith, selon le rapport même, n'est qu'un écuyer. Quant à Dumouriez, c'est un malentendu trop évident. Un d'Orléans, on le concevrait; mais un Condé ne marcherait jamais avec Dumouriez qui est pour eux pire que Robespierre. »

Dans ce langage vrai et bien motivé, le jeune prince n'apparaissait plus comme posté là en auxiliaire de conjuration. Plus d'officiers anglais. Dumouriez, impossible. Ce séjour même du prince continué à Ettenheim, à l'écart du reste de sa famille, avec son épouse, indiquait plutôt que rien n'était changé dans sa situation isolée. Sans doute, Napoléon averti eût fait éloigner du Rhin ces groupes suspects; mais par précaution et non comme vengeance et châtiment. Car, je crois pouvoir dire que le duc d'Enghien n'était pas de la conjuration tramée à Londres, quoique plus tard, dans la pensée des meneurs, il eût dû y être lié pour des opérations militaires. Les Condés ne furent ici ni consultés, ni même initiés. Leur ligne, vouée aux armes, fut toujours tenue en dehors des manœuvres pratiquées dans l'intérieur ; et l'on comprend que la politique de la branche aînée évita de leur y donner un rôle.

Mais le coup était porté, qui marquait le duc d'Enghien aux yeux de Napoléon comme ressort principal du complot contre sa vie. Qu'on ne cherche pas ailleurs que dans cette forte préoccupation les motifs de sa conduite. Elle n'a été inspirée ni par un prétendu conseil privé qu'il aurait consulté, ni par l'intention qu'on lui a supposée de rassurer les intérêts révolutionnaires contre tout appel des Bourbons. Non, tout a été de première impression, d'emportement subit, sur une méprise de nom et une erreur de fait.

En résumé, Georges Cadoudal, MM. de Polignac et de Rivière et tous les autres, déclarent « être venus de Londres pour attaquer de vive force la personne du premier consul : leur troupe est formée et attend à Paris, sous les armes, un Bourbon qui doit donner l'ordre. » Napoléon ignore où est le duc d'Enghien ; il le présume avec les autres membres de sa famille, quand un rapport officiel vient lui révéler qu'il est sur la frontière de Strasbourg, entouré de militaires émigrés, anglais, et le fameux général Dumouriez, qui semble le Pichegru de cette partie-là. Enlever avec son quartier général ce haut chef d'exécution; mettre un terme à ces embûches de meurtre par une représaille contre quelqu'un de cette famille qu'il en croit le promoteur, voilà l'idée qui saisit et remplit son esprit. Il ordonne sur-le-champ ; les apparences sont graves; l'on obéit, tout cède à sa volonté puissante. Lui-même, de peur de dévier de sa résolution, ne consulte personne, précipite les dernières mesures, une erreur pareille, et même plus grave, en ce qu'elle fut long-temps délibérée et combattue, égara ses conseils au *Trois Nivose*, où les jacobins, accusés d'abord de ce crime, furent déportés, même après que l'on fut sûr qu'ils y étaient tout-à-fait étrangers. Ce sont deux taches dans cette carrière, deux graves aberrations d'un homme exaspéré, et presque encore sous les poignards! : « Croyez-vous donc, disait-il lui-même un jour, cherchant à excuser certaines résolutions abruptes de l'empereur

Paul Ier, croyez-vous que les souverains soient des anges ? Ils sont hommes, et quelquefois, plus que les autres, sujets à l'erreur et à l'emportement ! »

MORT

DU GÉNÉRAL PICHEGRU AU TEMPLE.

(16 AVRIL 1804.)

Le suicide a-t-il été bien constaté ?—Désespoir de Pichegru.—La rue des Noyers.—Arrestation.—Lutte pénible.—Anecdote sur Pichegru et le marquis de Rivière. — Description de la chambre dans laquelle Pichegru fut renfermé. — Pichegru déposait contre Moreau. — Ordre du 1er consul. — M. Réal porte les propositions de Bonaparte à Pichegru. — Manière dont il les reçoit. — Idées de Pichegru sur Cayenne. — Sénèque. — Le portrait.—Intentions généreuses de Napoléon.—Loyauté de Pichegru.—Mot de Napoléon.—M. Orfila.

Il y a des événemens sur lesquels l'opinion contemporaine prononce et condamne, mais ne juge pas. L'esprit de parti en saisit l'impression qui lui convient, l'établit, la propage. Les préventions qu'il sème partout, germent en proportion des passions ou des intérêts, tendus sur les personnages pour ou contre lesquels on veut s'en prévaloir. Un exemple éclaircira mon idée. Tous les journaux ont annoncé le décès du général Bonnaire, détenu à Sainte-Pélagie pour des faits de 1815, en attendant sa déportation, personne n'a songé à élever des soupçons sur cette mort; mais qu'on suppose que le maréchal Ney eût succombé dans sa prison à un acte de désespoir, ou à un accident naturel, quelles atroces conjectures eussent été aussitôt formées, répandues, accueillies par le plus grand nombre, pour prendre rang peut-être dans l'histoire.

Une présomption en ce genre s'est élevée sur la mort de Pichegru, née dans une crise de fermentation, fortifiée par le silence d'un gouvernment trop haut pour opposer une justification à des insultes; elle a reçu depuis la sanction d'un monument public. Ce général était en prison, au secret, et comme à la merci d'une autorité irritée sans doute, et pouvant tout! On l'a trouvé étranglé dans son lit, la nuit! Quels indices pour éveiller l'attention et même le soupçon public! soupçon qui, pour être hasardé, sévère, souvent même unique, n'en met pas moins en cause le souverain le plus absolu, et sert de sauve-garde à l'homme faible, placé sous sa main redoutable. Respectons dans son premier élan ce sentiment accusateur ! Que des gouvernans qui le dédaigneraient trop soient dévoués à l'odieux de ses assertions; mais, s'il se présente des motifs de justification, qu'on ne les repousse pas, qu'on les pèse avec calme. Ne soyons pas injuste envers le puissant, uniquement parce qu'il est ou qu'il fut puissant.

La cour de justice de Paris, alors saisie du procès contre Pichegru, prit soin de constater sur-le-champ le genre et les circonstances de sa mort. Cinq juges, avec le procureur-général et son substitut, se rendirent au Temple. Le lieu de cette triste scène fut mis en évidence. Tous les témoins furent entendus, ainsi que six chirurgiens et médecins appelés. Tous revinrent immédiatement avec le corps, devant la cour, pour y rendre témoignage en personne. Et, le lendemain, après l'autopsie, les mêmes docteurs affirmèrent de nouveau la strangulation spontanée, les moyens d'exécution, etc., etc. Ces divers actes imprimés ont eu toute la publicité possible. La loi n'a établi dans aucun pays plus de précautions, des formalités aussi strictes, pour vérifier ces morts imprévues qui viennent étonner toute une ville, et y répandre de noires interprétations. Encore, dans ces catastrophes privées, la malignité même appuie-t-elle ses soupçons sur des intérêts quelconques de vengeance, de crainte, de cupidité. Est-il quelqu'un de ces motifs qui ait pu susciter des assassins contre Pichegru, dans la situation où il se trouvait alors?

On a vu des princes, hors d'état de réprimer des sujets trop puissans, diriger contre eux les armes de la perfidie et de la violence. On a vu des ministres frapper par des coups d'état des ennemis ou des rivaux de leur fortune; mais ces sujets, ces rivaux n'étaient point en prison, sous le coup d'une accusation capitale, passibles d'un jugement légal dans le plus court délai. D'un autre côté, combien n'a-t-on pas vu d'hommes fiers et énergiques qui, tombés au pouvoir de ceux qu'ils voulaient renverser, ont préféré une mort prompte et volontaire à l'éclat d'un procès criminel ou d'une exécution publique? Ce procès seul en a fourni trois autres exemples que j'ai cités ailleurs. Les amis du général Pichegru, tous ceux qui l'ont le mieux connu, savent si ses principes et son humeur âpre répugnaient à ce terrible sacrifice pour un cas extrême.

M. le marquis de Rivière a raconté à M. Réal et à moi, et il l'aura dit à d'autres, qu'il errait un soir dans Paris avec Pichegru, craignant autant de rentrer chez eux que d'être surpris dans les rues. Le général, en proie aux plus sombres idées, s'arrête tout à coup, prend un pistolet, et annonce à son compagnon sa ferme résolution de ne pas aller plus loin, et de mettre fin, là, en ce moment, à une existence si pénible. M. de Rivière, qui, sous les dehors d'une énergie moins prononcée, conservait plus de calme intérieur, réussit à le détourner de ce dessein, et le ramena chez une dame qui lui donnait asile rue des Noyers. Ce fut peut-être alors que Pichegru dit en posant son poignard : « Encore une soirée comme celle-ci, et *c'en est fait !* » Circonstance déposée depuis par la dame, et qu'on interpréta d'abord dans le sens d'une résolution extrême qui venait d'être arrêtée contre Napoléon, dans le conseil des conjurés.

Mais laissant là ces généralités, ces inductions opposées à des inductions, sortons du vague où l'on a laissé la question; reportons-nous à l'époque, aux lieux mêmes; rendons présens les hommes, les faits, tout le positif et la réalité de l'acte fatal.

Pichegru est arrêté dans son lit, la nuit. Douze hommes le surprennent endormi; par les précautions prises, ils sont déjà près de lui au moment où il s'éveille, faisant un mouvement pour saisir l'arme cachée sous son oreiller. Il lutte nu, toujours sur son lit, pendant quelques minutes, au milieu de cette troupe, dont plusieurs furent froissés assez rudement, jusqu'à ce qu'enfin il annonce qu'il se rend, et cesse toute résistance. On voit déjà si un tel homme, dont la force est d'ailleurs bien connue, a pu être assailli, étouffé, sans qu'il restât sur lui aucune trace de violence, et surtout sans que nul bruit, nul mouvement ait été entendu autour de lui.

Car on se le figure peut-être relégué dans quelque sombre réduit d'une tour écartée. Il est bien notoire, au contraire (et les témoins seront tous les détenus eux-mêmes), que sa chambre au rez-de-chaussée, ayant une fenêtre sur la cour commune, et ouvrant sur le grand vestibule d'entrée, était une des plus à la portée de tout le monde. De plus, elle n'était séparée à gauche que par une cloison de celle de M. Bouvet de Lozier, qui, lui-même, ayant déjà tenté de se détruire, avait toujours des gardiens à côté de lui. Enfin, à trois ou quatre pas, sur le même vestibule, à droite, était la chambre du général Georges, ouverte jour et nuit. Deux gendarmes et un brigadier ne le perdaient pas de vue, placés en dehors de sa porte dans le vestibule.

Est-ce ainsi, est-ce au milieu de cet entourage qu'on eût placé l'homme dont on voulait se défaire sourdement ? Et comment personne, cette nuit, n'a-t-il rien entendu, rien révélé, soit à l'enquête, soit aux audiences publiques, soit dans tout le temps écoulé depuis ? Dira-t-on qu'il est des moyens préparatoires pour trouver un homme sans défense ? qu'un poison.... Je n'ai pas réponse à toutes les suppositions de crime ; j'opposerais seulement à une telle insinuation la publicité donnée à l'ouverture, à l'examen, à l'exposition du corps au temple et au Palais-de-Justice.

A-t-on vu ce jour-là quelque mouvement

particulier dans la garde de la prison, des changemens dans les consignes ? L'enquête du tribunal a-t-elle procuré le moindre indice que des hommes du service ordinaire aient été écartés ou d'autres introduits ? Pour un cas si étrange, s'en rapportera-t-on simplement aux agens journaliers ? S'il est venu des Mamelucks, comme on a dit, des satellites étrangers, alors les gendarmes et gardiens n'ayant pas quitté leur poste, ont été ou complices ou du moins spectateurs passifs ? Que de témoins d'une œuvre si barbare, qu'on a dû vouloir couvrir d'un profond mystère ! et combien a été grande leur discrétion ! car on n'a cité d'eux aucuns témoignages.

Ajoutons enfin que, dans toutes les suppositions, il faut admettre expressément la connivence des supérieurs administratifs, d'un ministre, d'un conseiller d'état et d'autres. Ils ont un nom, ces entremetteurs du guet-apens, s'il a eu lieu. Pourquoi sont-ils restés exempts des soupçons et du blâme ? Tout cela n'était-il donc que des armes et des cris contre Napoléon ?

Voyons ce qu'au moins l'autorité avait à gagner dans un pareil sacrifice.

Qu'on se rappelle la position particulière de Pichegru; le rôle qu'il avait à soutenir devant les juges et le public. Trois principaux personnages se trouvaient impliqués : Georges, Pichegru et Moreau. Le premier, ainsi que les siens, déclarant, sans détour, leurs projets; le général Moreau niant toute participation avec eux; Pichegru comme intermédiaire, naguère avec Moreau, général de la république, depuis passé dans les mêmes rangs que Georges, et comme lui descendu en France pour une grande entreprise, sous l'espoir avoué d'y entraîner le général Moreau. Je cherche, dans cet état de choses, quelles difficultés pouvait présenter au tribunal la question relative à Pichegru, et quel inconvénient si grave la publicité des débats et leur issue offraient au gouvernement pour l'obliger à recourir à des moyens aussi violens. Craignait-on de faire paraître au banc des accusés un général victorieux, quand on y plaçait Moreau bien autrement populaire? Et lorsque Georges et ses compagnons étaient là avec leur énergie fière et sans espoir, devait-on redouter ce qui pouvait échapper à l'exaspération de Pichegru? Sa personne et sa défense n'apportaient donc au procès aucun embarras nouveau, soit qu'avec Moreau il eût tout nié et désavoué Georges, soit que, comme Georges, il eût reconnu les charges en disculpant Moreau. Restait un troisième parti, celui de confesser hautement le projet de renverser Bonaparte, mais en reprochant à Moreau d'en avoir attendu les profits, sans en partager les risques. Ce système a été suivi par l'un des amis de Georges, M. Bouvet de Lozier, et par M. Roland, ami de Pichegru. Si l'on suppose que Pichegru lui-même l'eût adopté, peut-être alors Moreau, dans une attitude équivoque, eût-il vu diminuer l'intérêt et de ceux qui voyaient en lui un innocent opprimé, et de ceux qui ne le défendaient que parce qu'au fond ils le croyaient coupable.

Si, donc parmi tant de prévenus, on a eu la singulière pensée d'en soustraire un aux débats, ce n'est pas sur Pichegru qu'un tel sort devait tomber. Aussi l'avis de sa mort fut-il un coup de foudre pour le ministère. M. le conseiller d'état Réal en paraissait si ému, que le premier consul lui en fit la remarque. « C'est, répondit-il, parce que Pichegru était la meilleure pièce de conviction contre Moreau. »

Voici maintenant tout ce qui s'était passé jusqu'à ce moment entre l'autorité et le général. M. Réal l'avait interrogé lui-même devant plus de vingt personnes au moment de son arrestation; ayant communiqué le tout au premier consul, il en reçut des ordres à peu près en ces termes : « Revoyez Pichegru; avant de faire une faute, il a servi et honoré son pays par des victoires;.... dites-lui que ceci n'est qu'une bataille perdue... Je n'ai pas besoin de son sang;... mais il ne pourrait rester en France. Causez avec lui sur Cayenne; que pourrait-on faire de cette colonie ? Je me fierais à lui, et il y serait sur un bon pied.... Mais ne promettez rien ; ne vous engagez à rien. »

M. le comte Réal, très satisfait d'une telle mission, se rendit le même jour au Temple ; et, après les actes officiels d'interrogatoire et de confrontation, il jeta dans une conversation particulière les insinuations qu'il avait à communiquer. J'étais présent, et je ne m'attendais pas, je l'avoue, qu'un tel caractère voulût s'y prêter. Il les reçut au contraire fort bien, je dirais presque avec abandon, s'il n'eût déclaré en même temps qu'il ne s'abusait pas sur la perspective flatteuse qu'on lui laissait entrevoir. Il traita donc la question de Cayenne sous des rapports fort étendus, nous faisant lui-même l'observation qu'il avait étudié le pays en chassant et dans des vues d'avenir, comme un homme qui ne croyait pas y être toujours déporté. Le résumé de ses réflexions fut en propres termes : « Qu'avec trente mille hommes et trente millions (1) on ferait de Cayenne le premier établissement colonial du monde, et qui ne laisserait aucun regret sur Saint-Domingue. »

Il s'ensuivit un entretien varié, dont un trait m'est resté. Il faut le citer, peut-être comme une garantie indirecte qu'il nous donnait de sa foi. Dans une de ses tournées en Angleterre, des officiers proposant de lui faire voir un établissement militaire, il s'y refusa. « Il est possible, leur dit-il, qu'un jour rentré dans ma patrie, je sois destiné à venir attaquer ces points; je ne

---

(1) M. Réal est sûr, de son côté, que c'est *six millions* et *six mille nègres*, nouvelle preuve entre mille combien les souvenirs de témoins oculaires peuvent s'altérer!

veux pas que mes souvenirs m'exposent à manquer aux lois de l'hospitalité. »

Il demanda ensuite des livres. — Voulez-vous de l'histoire? — Non, j'en ai assez; procurez-moi Sénèque. « Oh! c'est comme le joueur de Regnard, quand il a perdu son argent. » Il réclama aussi un portrait qui lui était cher, on le lui promit. Le livre fut envoyé; mais non le portrait. J'allais le donner quand quelqu'un observa que cette pièce étant inventoriée, il fallait la représenter en justice avec toutes les autres. Craignait-on qu'il n'y eût quelque moyen de destruction caché dans le double cadre à secret?..... Ce refus parut le blesser, et il dit au concierge : « Je vois bien que M. Réal a cru m'amuser avec ce qu'il m'a dit l'autre jour sur Cayenne. » Le fait est que ce magistrat, entraîné dans les embarras et la poursuite d'une si grande affaire, n'alla plus revoir le général. Ainsi se perdit l'effet des intentions bienveillantes et généreuses de Napoléon. Deux gendarmes, placés jour et nuit dans la chambre de Pichegru, pour prévenir précisément ce qui est arrivé, le gênaient beaucoup. Il demanda avec instance d'en être délivré. Après quelques délais, la chose fut soumise au premier consul qui répondit : « Pourquoi le fatiguer inutilement ? Un homme, quoi qu'on fasse, est toujours maître de sa vie. » Deux jours après Pichegru n'était plus !

On trouva son livre ouvert près de lui; et comme si c'eût été sa déclaration testamentaire, il avait corné le feuillet à la page où Sénèque décrit avec exaltation la mort de Caton. Napoléon qui avait d'autres principes sur le suicide, ou qui trouvait les circonstances bien différentes, dit alors : « Belle fin pour le conquérant de la Hollande ! » Ce mot, mêlé de regrets et d'amertume, n'est pas d'une âme implacable.

Enfin, l'on a avancé, et c'est du moins un argument, qu'il est impossible de se donner la mort par le moyen qu'a employé Pichegru, tel qu'il est consigné dans les procès-verbaux. Etrange oubli de choisir pour *suicider quelqu'un* un mode incompatible avec le suicide. L'on a pu s'abuser sur un procédé jusque-là peu noté; mais soit que la publicité en ait donné l'idée, soit qu'on y ait fait plus d'attention, la justice, la police, la médecine, les familles en ont depuis constaté trop d'exemples. Parmi ceux que j'ai recueillis et dont je veux supprimer le détail immoral et dangereux, il en est de plus étonnans que celui de Pichegru (1). Chaque trait de ce genre, publié depuis dans les journaux, n'a pas été sans effet sur les esprits les plus prévenus. L'irréflexion, l'animosité cèdent peu à peu; le doute s'est fait jour, le silence a remplacé les accusations. Est-ce un désaveu?... n'est-ce qu'indifférence, ou parce qu'on tient la chose pour jugée? alors qu'il me soit permis d'en appeler. Que chacun, après les motifs que j'ai déduits, examine sur quels fondemens il a cru ou croit encore à une atrocité gratuite, inouie dans nos mœurs, impossible à dissimuler; à une violence dont l'intention et le but sont inexplicables, aussi bien que toutes les circonstances de son exécution...... Tandis qu'une mort volontaire,

---

(1) M. Orfila (*Médecine légale*, 2º édition, tome 2, page 388 et suivantes), établit par des faits la possibilité « qu'une personne s'étrangle avec une corde qu'elle aura serrée et maintenue serrée à l'aide d'un bâton, d'un os, d'une fourchette, etc., etc. C'est donc à tort que des auteurs ont nié que *la strangulation sans suspension* pût être l'effet d'un suicide. »

dans la situation de Pichegru, est un de ces recours si naturels, que la justice multiplie les plus rigoureuses précautions pour les prévenir, et n'y réussit pas toujours.

MORT

DU CAPITAINE WRIGHT AU TEMPLE.

(26 octobre 1805.)

La prison du Temple. — Le château de Joux. — Toussaint-l'Ouverture. — Le général comte Jullien. — Note. — Capitulation d'Ulm. — M. Withbread. — Rapprochemens curieux. — Prisonniers français en Angleterre. — Le commodore Bouillon d'Auvergne. — Sir Georges Rumbold. — Intervention de la Prusse. — Lord Camelsford. — Accusation contre le duc de Rovigo. — Le commodore sir Sidney Smith.

La détention des hommes marquans a cet inconvénient que leur mort n'est presque jamais réputée naturelle ; et ici les soupçons nés d'une première prévention se règlent uniquement sur l'intérêt de parti ou d'affection qui s'attache à la personne. C'est dans cette mesure qu'on a jugé en France et en Europe la mort du général Pichegru ; en Angleterre, celle du capitaine Wright, comme à Saint-Domingue et même à Londres celle de Toussaint-l'Ouverture a été un assassinat, aussi long-temps qu'on a eu besoin de nous y rendre odieux. Une femme d'esprit disait alors : « Bonaparte est malheureux, ses ennemis lui meurent dans la main ! » Ce mot renferme toute la vérité sur ces trois morts trop fameuses.

J'ai parlé de ce qui concerne la fin du général Pichegru. Je ne donnerai point de détails sur le sort de Toussaint parce qu'il était dans la citadelle de Joux comme prisonnier de guerre, et sous la police exclusive de l'autorité militaire. J'ai su seulement qu'on le trouva mort, la figure appuyée sur sa table, effet assez naturel d'un climat âpre et du chagrin si puissant sur ces êtres simples ! Quel motif avait-on de tuer ce chef noir, enfermé sur une des cimes du Jura?

Quant au capitaine anglais Wright, il faut commencer par le faire connaître; car sa personne et son nom sont presque ignorés parmi nous, tandis que chez les Anglais il est renommé comme une victime de la vengeance impériale.

Dès 1796, cet officier peu heureux avait été pris par l'effet d'un calme à l'embouchure de la Seine avec le commodore sir Sidney Smith. Enfermés tous deux au Temple, ils en furent enlevés par une ruse en avril 1798. De là, il suivit sir Sidney à ses expéditions du Levant, dans les parages de Syrie et d'Egypte. A la fin de 1803, il exécuta la mission de transporter d'Angleterre à la côte de Dieppe les généraux Georges, Pichegru et autres principaux conjurés. En mai 1804, croisant devant Lorient, sans doute pour découvrir et recueillir sur cette côte ceux qui auraient pu fuir de Paris, il fut surpris d'un calme plat et amené par nos bateaux armés. Le préfet de ce département, général comte Jullien, avait eu à l'armée d'Egypte des rapports officiels avec l'escadre anglaise, il reconnut aussitôt le secrétaire de sir Sidney, et l'envoya à Paris. Il comparut au procès de Georges dans l'audience publique du 2 juin 1804; mais, se retranchant sur sa qualité de sujet et officier d'une puissance étrangère, il déclina les interrogatoires qui, en effet, ne pouvaient rouler que sur des faits de son service. On le ramena à la tour du Temple, où, dix-sept mois après (26 octobre 1805 au matin) (1), on le trouva mort, étendu dans son lit, ayant la gorge coupée, son rasoir ensanglanté dans la main, et sur sa table le moniteur de la veille, contenant la capitulation d'Ulm.

De là, tous les récits qui ont couru en Angleterre, où l'on n'a pas voulu douter que ce pri-

---

(1) Napoléon s'entretenant avec M. Warden, à Sainte-Hélène, sur ce prétendu meurtre, établit que la comparution de Wright au tribunal était nécessaire pour jeter du jour sur la conspiration dont il avait été le caboteur. « Or, dit-il, sa mort étant arrivée avant le procès, ne pouvait que contrarier le gouvernement français, donc elle n'a pu être le fait du gouvernement. » On voit que l'argument porte sur la supposition que Wright soit mort avant le procès. Mais il est constaté qu'il a paru au tribunal le 2 juin 1804, et que sa mort est du 26 octobre 1805. C'est une erreur de date qui porte avec elle sa rectification, puisqu'il s'agit d'actes publics et notoires. J'ai dû en faire mention pour ne pas laisser subsister une contradiction de cette nature avec ce que j'écris. Au reste, pour des faits qui, dans le temps, occupaient toute mon attention, et avec tous les documens qui manquaient ailleurs, on ne s'étonnera pas que j'aie pu mieux recueillir mes souvenirs et préciser les dates.

sonnier n'eût été sacrifié au ressentiment d'un tyran farouche.

Par un de ces singuliers rapprochemens que le temps amène, on a vu dix ans plus tard M. Withbread, à Londres, se couper la gorge avec un rasoir, sur la seule nouvelle de la victoire de Waterloo. Ce chef de l'opposition n'avait sans doute pas moins de caractère que le capitaine Wright; faudra-t-il croire aussi qu'il ait été assassiné? N'est-il pas probable que tous deux, fortement contrariés par un événement inattendu, auront succombé à la violence d'une première impression? Il est vrai que les positions étaient différentes; l'un dans un donjon étranger et l'autre chez lui. Mais aussi le désespoir du capitaine est bien plus concevable que celui de son compatriote. Car si le désastre des Français à Waterloo heurtait en M. Withbread certaines vues anti-ministérielles ou patriotiques, du moins son sort et sa personne n'en étaient pas compromis. Mais pour un officier au fond d'une prison d'état étrangère, la capitulation d'Ulm a pu être le présage d'une longue captivité. Il attendait quelque chance de liberté des succès d'une puissante coalition, et tout à coup

voit dans l'étendue de ce premier revers l'as-
endant décidé de celui qu'il regarde comme
on oppresseur. Un homme de cœur dans les
ers des ennemis peut céder au coup d'une telle
atalité. Un fait particulier aggrava peut-être
ette funeste impression. Deux jours auparavant,
a police, informée de certaines communications
vec d'autres détenus, avait envoyé fouiller sa
hambre. On y trouva en effet un paquet de
:ordes nouées, et autres instrumens pour son
évasion. Ceux qui voudront réfléchir combien
le dépit d'une double espérance déçue est accablant pour un prisonnier, trouveront là les vraies
causes du suicide du capitaine Wright. Ah ! si
l'on voulait rechercher combien de nos officiers
ont succombé à leur désespoir sur les pontons
où on les a jetés après une tentative malheureuse d'évasion !!!...

Mais, pour expliquer la fin tragique d'un Anglais dans une situation pareille, il ne faut pas
supposer un crime si loin du caractère français
et inutile d'ailleurs. Quoi ! était-il un ennemi si
dangereux qu'il fallût s'en défaire à tout prix ?
Rien ne donne de lui cette opinion. Avait-on à

son égard un ressentiment implacable de ce qu'il eût amené sur son bord des gens ligués contre la vie de Napoléon? Certes, il n'a fait que ce qui est un devoir pour tout officier de marine dans un pays quelconque. Que pour cela, et à cause de sa précédente évasion du Temple, on l'ait soumis à une réclusion plus sévère qu'un prisonnier de guerre ordinaire, on le conçoit. Mais ce qui est inconcevable, c'est que le même prince qui a accordé la vie à huit des condamnés sur vingt, fasse tuer en prison un officier étranger parce qu'il les a transportés en France par ordre de son gouvernement, et c'est plus de seize mois après le jugement de l'affaire que ce meurtre est commis, Napoléon étant absent, victorieux et sous un nouveau ministre (M. Fouché), connu pour ne s'être occupé de ce fameux procès que pour le faire oublier !

Un détenu a dit publiquement au Temple ce jour-là : « Cette tour dévore ses habitans! » propos qui n'a été soutenu d'aucuns motifs. Mais pour ne parler que des Anglais, cette tour n'a dévoré ni le commodore Bouillon-d'Auvergne (1), ni sir Georges Rumbold (2), ni le lord Camelsford (3), qui y furent renfermés et qui, sous tous les rapports, avaient plus d'importance que le capitaine Wright.

(1) Ce commandant de Jersey, après avoir dirigé pendant toute la guerre, les communications secrètes avec nos départemens de l'Ouest crut pouvoir, à la paix d'Amiens, venir sans formalité sur nos côtes. Il fut arrêté à la foire de Guibray. Le parlement grondait sur cette mesure, quand l'ambassadeur lord Witworth le réclama et obtint son élargissement.

(2) Consul britannique à Hambourg, enlevé de sa résidence et amené au Temple, libéré presque aussitôt par l'intervention de la Prusse, protectrice de la neutralité en cette partie du continent. Cette puissance avait réclamé avec le même succès en 1793 pour Napper-Tandy, Irlandais réfugié, que l'Angleterre avait fait aussi enlever de ce territoire. Sans cette protection, il périssait sur l'échafaud. On m'a assuré que sir Georges, long-temps après la chute de Napoléon, était disparu du monde sans qu'on en ait pu découvrir de traces.

(3) Le lord Camelsford, parent des Grenville, des Pitt, des Stanhope, ne fut réclamé par personne. Ceux qui ont connu son caractère et ses opinions croiront aisément qu'il eût passé sa vie au Temple, comme il me le disait, plutôt que d'en vouloir sortir par la protection de son gouvernement. Il fut trouvé à Paris avec un

Un autre prisonnier du Temple a imprimé à Liége, en 1815, « avoir vu entrer la veille au soir, à la tour, le duc de Rovigo avec plusieurs soldats. Des cris furent entendus, dit-il, dans la chambre du capitaine, etc., etc. » Le duc, dans sa prison à Malte, réduit à se défendre d'une telle imputation, a prouvé qu'il était alors à Ulm, au quartier impérial, ce qui est notoire par diverses missions qu'il a remplies auprès des généraux autrichiens. Quant aux cris entendus, ils peuvent se rapporter à la perquisition de police dont j'ai parlé, et qui, en découvrant les échelles de corde, a en effet excité de vives discussions; mais rien de tout cela ne concerne le duc de Rovigo.

. . . .
. . . .
. . . .

Mais voici, après dix ans, que ce morceau est

passe-port sous le faux nom de Rush, Américain. Ceci, avec d'autres incartades antérieures assez fameuses et ses principes de liberté outrée pour son pays, n'offrant rien d'hostile contre le nôtre, on l'embarqua à Boulogne, sur sa parole de ne plus revenir en France, sans en avoir obtenu l'autorisation spéciale.

écrit, une accusation amplement déduite avec pièces, publiée par le commodore sir Sidney Smith, en 1816, dans plusieurs numéros du *Naval chronicle*, volume 36. C'est le résultat des informations qu'il venait de recueillir à Paris (1816), sur la fin prématurée de son ami au Temple, en 1805. Je n'en ai eu connaissance qu'en 1827, et sans avoir pu me procurer ici ni à Londres, soit la collection volumineuse, soit les numéros partiels de ce journal; mais l'*extrait*, écrit et soutenu de communications verbales, qui m'en a été fourni, suffira, comme on en peut juger, à une discussion sommaire, que je ne veux pas retarder. Peu de pages répondront à un volume ; cette polémique n'ayant plus aujourd'hui le même intérêt, quoiqu'elle soit pour moi un devoir. D'ailleurs les nombreuses et loyales investigations de sir Sidney m'aideront à être plus court que lui, comme aussi à mieux faire ressortir la vérité de ces pièces mêmes, par un examen critique, dont il ne s'est pas assez occupé.

ANALYSE ET RÉFUTATION

DU MÉMOIRE DE SIR SIDNEY SMITH.

Analyse. — Préjugés de sir Sidney Smith. — Sa correspondance — Mystère d'iniquité. — Torture dévoilée. — Prisonniers interrogés. — Le colonel Poupert. — Contradictions. — L'abbé Bacinet. — Tumulte et combat. — Le père Picot-de-Clos-Rivière, jésuite. — Empoisonnement. — L'abbé Alary. — Sang piétiné à terre. — Assassinat ou suicide, choisissez. — Ulm et Trafalgar. — Les compensations de M. de Polignac. — Suicide du duc de Bourbon. — Sir G. Rumbold. — Sir Sidney épouse lady Rumbold. — Insolente épitaphe. — Les pontons anglais. — Calomnie anglaise. — Rétractation de sir Robert Wilson.

L'ENQUÊTE d'une autorité locale sur un fait déjà ancien, obscur en lui-même, tenant d'ailleurs à l'esprit de parti, exigerait un ensemble de moyens et de qualités, qu'on supposera difficilement chez un homme privé, un étranger, un militaire, surtout si, comme dans le cas présent, il apporte de vieilles animosités contre une des parties et des préjugés personnels et nationaux sur le fait en question. Toutefois l'exposé du commodore prévient par un ton d'impartialité. Il donne le texte des divers témoignages qu'il a rassemblés, vagues ou positifs, pour ou contre. Il commence même par rejeter tout ce qu'on lui a rapporté des tortures exercées contre le capitaine Wright. En effet, comme il se montrait avide de renseignemens, une certaine dame, dans une série de lettres qu'il cite, sans la nommer, lui déroulait tout le mystère d'iniquités. Chaque jour elle faisait de nouvelles découvertes, mais que sir Sidney a fini par ne plus payer. « Privation d'alimens ; — tenailles ardentes ; — eau-de-vie mise dans les plaies,.... et cela pour arracher au prisonnier des aveux contre son gouvernement. Là assistaient je ne sais quel chirurgien du nom de Vangourt, et un espion déguisé en ministre protestant... Finalement, Wright s'est détourné avec dégoût, s'est mordu la langue pour ne point parler, et un Mamelouck l'a étranglé ! »

Sir Sidney, démentant tout cela, affirme au contraire que *son ami n'a subi que les tortures morales de la captivité.* « Sans nul doute, dit-il, il n'a jamais été mis à la torture. » Mais, pour que ceci ne tire pas trop à conséquence, il ajoute : « Quoique d'autres prisonniers d'état y aient été mis. » L'on s'attendrait à plus d'incrédulité de sa part, au moment où il signale lui-même tant d'affreux mensonges. Aurait-il donc plus de lumières sur ces autres atrocités, quoiqu'elles n'aient pas fait autant le sujet de ses recherches? Pour moi, j'estimerais qu'on doit plutôt croire à celles contre Wright, s'il est vrai que ses geoliers aient fini par le tuer.

Sir Sidney, après cette espèce de révélateurs, qui en savaient trop pour lui, s'est mieux adressé, 1° à des prisonniers du Temple; 2° au concierge et aux gardiens, dont l'un, Fr. Savard, servait le capitaine, et avait seul les clefs de sa chambre. C'est lui qui, entrant le matin pour son service accoutumé, le vit mort dans son lit, et courut en prévenir le concierge. Je dois remarquer ici que l'enquête a traité avec trop d'indifférence tous ces employés. Leurs dénégations, bien que raisonnées, uniformes et constantes, ont sans doute paru une affaire de métier. Pourtant ils n'étaient plus sous la dépendance, et des aveux accusateurs pouvaient leur profiter alors plus que des réticences et des réfutations.

Voici d'abord la plus forte de toutes les charges, la seule même qui aille droit au fait. Je préviens que je ne discuterai que les témoignages et non les témoins qui ont bien aussi leurs préjugés et leurs passions.

Le colonel Poupert (1), détenu au Temple, a entendu cette nuit-là un débat violent (*scuffling*) dans la chambre du capitaine au-dessus de la sienne. Et le matin, le gardien Savard l'y ayant introduit (ce que celui-ci dément très fort, protestant qu'il n'eût osé le faire), il a vu *sur le plancher du sang où étaient marqués des pieds.* D'où il est évident qu'il y eût plusieurs personnes et une lutte pour consommer cet assassinat.

M. l'abbé Bacinet, couchant dans la même pièce, a aussi entendu le bruit comme de *gens qui se promèneraient dans la chambre du capitaine* ; c'est ainsi qu'il en parla dans le moment même à M. Poupert, qui le rapporte ; il était quatre heures du matin. Mais M. Bacinet ainsi que tous les autres détenus *nient les impressions des pieds dans du sang ;* ce sont les

(1) Il y a eu erreur dans le texte, ou dans l'extrait qu'on m'en a donné. Ce nom ne m'est pas connu, et ce doit être très certainement Barruel-Bauvert.

termes mêmes de sir Sidney, que l'on verra écarter encore ce fait de son résumé final, comme il l'a fait pour les tortures.

Resterait donc le tumulte du combat. Mais un autre prisonnier, logé tout à côté du capitaine, et levé tous les jours à quatre heures du matin, affirme dans sa lettre à sir Sidney n'avoir rien entendu. Ce témoin est le père Picot-de-Clos-Rivière, ancien jésuite, oncle de Picot-de-Limoëlan, et confesseur de Saint-Réjant, le soir de l'explosion rue Saint-Nicaise. Il ajoute dans la même lettre que *Bonaparte était incapable d'un tel meurtre* (incapable of the murder); et enfin, qu'il croit plutôt que Wright se sera *empoisonné* lui-même (that he poisoned himself).

Cette dernière conjecture, ou si l'on veut cette bévue, quand il s'agit d'un égorgement reconnu, prouve d'abord le peu de précision et de suite de toutes ces déclarations obtenues par lettres ou par des intermédiaires. Dès lors, point de ces explications propres à fixer un interrogatoire, en prévenant les malentendus et redressant les écarts. Elle prouve de plus qu'il n'est resté dans l'esprit du témoin aucune impression de violence et de meurtre, mais bien au contraire l'idée d'une mort volontaire. Et ceci répond, en passant, à l'assertion d'un quatrième détenu (l'abbé Alary), *que tous les prisonniers crurent comme lui à un assassinat.*

Le témoignage du père Picot honore l'impartialité de sir Sidney, qui le produit lui-même, quoique si opposé à ses propres sentimens. Mais il fera juger aussi ce que valent ces sortes d'enquêtes et ces ressouvenirs de longue date, même avec de la bonne foi. Et qu'est-ce s'il vient s'y mêler un intérêt de parti, ou des motifs plus bas?

Ainsi, la première déclaration d'imposante apparence consiste en deux assertions: *le sang vu sur le plancher* (sir Sidney lui-même ne l'admet point), puis *le bruit entendu.* Sir Sidney l'eût peut-être rejeté aussi, sans l'appui du second témoin, mais qui est pleinement contredit par le père Picot, et n'est confirmé par nul autre.

Je reviendrai sur ce point capital, dans l'ensemble des faits que je vais maintenant considérer avec sir Sidney, et toujours d'après lui. Car, à la suite des pièces de l'enquête, il en résume toute la substance en deux tableaux parallèles, qui deviennent pour nous l'expression fidèle de tout son rapport. L'un a pour corollaire : Wright *a été assassiné.* — L'autre, *il s'est suicidé.* Et le lecteur reste le maître de choisir celle des deux conséquences qui s'accorde le mieux avec les prémisses déduites au tableau.

Ier tableau. — Wright a été assassiné! « Le dernier jour de sa vie (25 octobre) il s'amusait à composer et à fredonner des couplets sur les victoires respectives d'Ulm et de Trafalgar. Et ensuite plusieurs témoins l'entendirent jouer sur sa flûte vers une heure après minuit.

OBSERVATIONS.

Tout ceci, avec le mot *s'amusait*, est sans doute pour indiquer un esprit calme, gai, bien éloigné d'une résolution fatale. Mais s'il a eu le temps de faire des vers sur Ulm, dont le bulletin est au *Moniteur* du 25 octobre, son dernier jour, à coup sûr, il n'a point chanté Trafalgar. Cette bataille, livrée le 21 octobre, à l'extrémité de l'Europe, n'a pu être connue au Temple quatre jours après (le 25), malgré la lettre de l'abbé Alary, conforme en cela aux assertions très positives de M. de Polignac, portant que « Trafalgar a été su le même jour que Ulm ; qu'on en a eu au Temple une pleine narration qui a compensé, dit-il, nos espérances, etc., etc. » Les dates sont fâcheuses aux prétendus souvenirs; une date peut renverser tout un système de mensonges. Celui-ci paraît avoir été inventé et calculé pour atténuer ou écarter l'idée du désespoir, comme si, pour le prisonnier anglais et les détenus français, Trafalgar eût dû compenser Ulm. — J'admets, d'ailleurs, que les sons mélancoliques de sa flûte aient accompagné ses derniers adieux à la vie et à des camarades d'infortune, à travers les murs d'une prison. — Je reprends la suite du tableau : « Un peu plus tard, une lutte bruyante fut entendue des chambres au-dessous par deux personnes *ou plus*... Le matin, on l'a trouvé égorgé dans son lit, recouvert soigneusement jusqu'au menton, et avec son rasoir fermé dans sa main droite, le bras étendu le long du corps. »

Observations. Ce n'est pas deux personnes *ou plus* qui ont entendu le bruit, mais seulement le colonel et M. Bacinet. Il serait même mieux de dire deux personnes *ou moins*, car le premier doit à peine compter. On voit que sir Sidney supprime ici son dire si important du *sang piétiné par terre*. Or, si l'on ne croit pas ce qu'il a vu, pourquoi croire ce qu'il a entendu ? Ah ! plutôt étonnons-nous que tous n'aient pas été réveillés, prisonniers, gardiens, sentinelles, par les efforts et les cris qui ont dû retentir la nuit dans tous les étages d'une tour, tandis que l'on domptait, pour l'assassiner, un homme de trente-six ans, vigoureux et déterminé. Eh quoi ! tout à l'heure de vos chambres vous entendiez sa flûte, et, pendant le jour on avait distingué, *de la cour*, les couplets qu'il *fredonnait !* Étonnons-nous aussi qu'une lutte pareille n'ait laissé sur sa personne d'autres marques de violence qu'un seul coup de rasoir !

Dira-t-on que les mesures des barbares avaient été trop bien calculées ? N'oublions pas du moins qu'elles tendaient à faire croire que le capitaine s'était détruit lui-même. Mais si les circonstances rapportées par sir Sidney prouvent un meurtre, elles sont tout-à-fait en sens inverse d'un suicide. Quelle stupidité de refermer le rasoir dans la main de celui qu'on veut prétendre s'en être coupé le cou jusqu'à l'os! Et ce bras étendu, bien ajusté le long du corps!... Quel besoin aussi de refaire le lit par-dessus le mort, la couverture et le drap si bien arrangés (*smooth,* lisse, uni) au niveau du menton! Bien plus, sir Sidney cite des déclarations constatant le peu de sang trouvé sur les draps et les matelas; en aurait-on emporté une portion après l'avoir reçue dans un vase (puisqu'il n'admet plus de trace de sang sur le plancher)? Que de soins ont donc pris ces exécuteurs pour bien montrer leur œuvre propre, sans nécessité, et comme exprès pour effacer toute apparence de suicide!...

Au lieu de supposer tant de contradictions, l'on concevrait plutôt, s'il fallait aussi hasarder des explications, 1° que l'entaille profonde d'une lame fine, comprimée par le poids de la tête, retienne au-dedans une partie du sang; 2° on concevrait aussi que le gardien Savard ayant, à sa première entrée, levé précipitamment les couvertures, pour s'assurer de la mort aura pu dans son trouble ne pas remettre les choses en même état; 3° quant au *rasoir fermé,* soit qu'il l'eût été par le meurtrier ou par le suicide (ce qui impliquerait une égale absurdité), un mot va la résoudre, car ce n'est qu'un malentendu. Oui, le rasoir fut trouvé fermé, mais à *rebours*, c'est-à-dire le dos de la lame renversé et appuyé sur le dos du manche, de manière que le tranchant saillait en arrière dans toute sa longueur. De là vient cette force extraordinaire du coup *qui a presque séparé la tête du corps*, selon l'expression de sir Sidney. (He cut his heat nearly off.)

Ce procédé, inouï peut-être, et si puissant, que je répugne à le révéler, m'étonna beaucoup dans le temps; et il est resté notoire à tous ceux qui ont vu et connu de près l'événement. J'ai aussi interrogé leurs souvenirs. Mais à quoi me servirait de produire ici leur déclaration écrite? J'aime mieux emprunter à sir Sidney un témoignage formel; c'est celui de Christophe Barrault, employé du temple, qui affirme que « le rasoir dans la main droite de Wright, était ouvert de la manière dont on le tient pour se raser, le dos de la lame un peu renversé sur le manche. » (Razor in right hand open as the wary people hold it for shaving, the back of blade somewhat reversed on the handle).

L'autre employé, Savard, moins précis dans les termes, revient au même sens que Barrault. « Le rasoir était ouvert; la lame tachée de sang pouvait n'être ouverte qu'à moitié; possible qu'elle ne fut pas tout-à-fait droite avec le manche; mais je suis impressionné de l'idée que le rasoir était bien ouvert. »

Voilà ce que disent des témoins oculaires, les hommes le plus près du fait et des lieux. Chose singulière! on n'a pas un mot du concierge sur ce point si grave, quoique dans son long mémoire, dont j'ai une copie de sa main, il combatte de son mieux toutes les autres objections. Il se termine ainsi : « On a voulu, monsieur l'amiral, vous soustraire de l'argent, vu l'intérêt que vous portez à votre malheureux ami. On a pensé qu'après douze ans on pouvait faire une fable qui ne trouverait pas de contradicteurs. Peut-être a-t-on cru que, dans la malheureuse position où je me trouve... j'affirmerais un crime que devait avoir commis le précédent gouvernement...... Mais la vérité est une, je vous l'ai dite toute nue, et sans aucuns détours; le capitaine Wright s'est suicidé volontairement. »

Un contradicteur si tranchant méritait bien qu'on lui opposât le fait du rasoir, *fermé après la mort*, et qu'on le fît expliquer là-dessus, ce qui lui était facile selon moi. En général, les élémens de l'enquête n'ont pas été assez coordonnés entre eux; l'esprit de critique manque au rapport; et les conclusions sont prises, sans égard à des témoignages qui les contredisent formellement.

Après ces explications sur le premier tableau pour l'assassinat, j'ai très peu de choses à dire sur le second, non parce qu'il conclut comme moi au suicide, mais parce qu'il n'est guère que la répétition de l'autre, sans nulle mention ni rapprochement des moyens adverses, fournis précisément par les témoins oculaires; on va, par le dernier trait, juger du contraste que cela fait.

« Ayant joué de la flûte, etc., etc., il entre au lit dans sa robe de chambre, s'y couvre jusqu'au menton; ensuite il s'est coupé, très profondément, le cou avec son rasoir; lequel après cela il a fermé, et a placé son bras droit le long de son corps et de sa cuisse ! »

Voilà, en effet, un singulier suicide! Mais,

pour suppléer à ce que sir Sidney a omis dans ses résumés, je vais tracer le mien.

1° Le capitaine Wright s'est donné la mort;

Parce que, pris en guerre et touchant même la paie, il se voyait traité en prisonnier d'état, confiné dans une tour depuis dix-huit mois, quoiqu'il réclamât sans cesse d'être envoyé au dépôt avec ses compatriotes;

Parce que des échelles de cordes, qui lui donnaient l'espoir d'une évasion prochaine, avaient été trouvées et saisies dans sa chambre, deux jours avant sa mort;

Parce que, le lendemain de ce cruel désappointement, il lit le bulletin officiel de la capitulation d'Ulm, qui lui enlève sa dernière espérance. La fatalité semble le poursuivre; et c'est sur ce moniteur qu'on le trouve mort.

2° Il n'a pas été assassiné; parce qu'il n'y avait nuls motifs pour cela, pas plus avant qu'après la victoire d'Ulm;

Parce qu'on ne trouve aucune trace de violence étrangère, ni sur lui, ni dans sa chambre, ni alentour;

Parce que sir Sidney n'essaie même pas d'indiquer (et en effet, on ne le comprend pas) comment et par qui le crime aurait été commis. C'est pourtant ce qui exige d'être déduit, quand à un fait légalement constaté, simple, solitaire, facile, comme l'est un suicide, on prétend substituer l'acte compliqué, violent et inusité d'un meurtre de prison.

J'oppose la franche simplicité de ces données matérielles et morales à tout le système contraire que l'analyse réduit aux points suivans :

— « Wright n'était pas si désespéré, puisque la veille il chantait et que la même nuit il jouait de la flûte. » (Mais personne ne dit qu'il eût succombé dans un morne abattement.)

— « La situation du corps, du lit, et le rasoir fermé conviendraient peu à un suicide. » (Encore moins à un meurtre combiné pour simuler un suicide.)

— « Enfin, deux prisonniers l'ont entendu se débattre. » (Mais vingt autres également à portée n'ont rien entendu.) .... Je ne reviendrai pas sur ce que j'ai dit pour mettre tout cela à sa juste valeur, mais qu'il me soit permis de finir ce triste sujet par quelques réflexions.

Quelle famille, soit de *Calas*, soit de *Castelreagh*, ou toute autre, ne tremblerait de voir la mort constatée naturelle ou volontaire d'un des siens, livrée après plus de onze ans à une contre-enquête individuelle, étrangère, passionnée, pour être transformée en un assassinat, à l'ombre de quelques inductions, de souvenirs suranés, de témoignages donnés et reçus non sans préventions évidentes? De nos jours, on a traduit le décès de J.-J. Rousseau en suicide. Le suicide du duc de Bourbon en meurtre domestique.... On pouvait tout aussi bien bâtir des suppositions, une enquête sur la perte totale de sir G. Rumbold, qui a disparu du monde, et dont sir Sidney a épousé la veuve, après les cinq années fixées, dans ce cas, par la loi anglaise!

Le commodore dira-t-il qu'en ce qui concerne le capitaine Wright, il n'a été qu'un rapporteur impartial, un juré de bonne foi? Non, il a prononcé en juge, il a affiché sa sentence au cimetière du Père-la-Chaise, dans une inscription funéraire, citée en son écrit et portant que « le capitaine, au milieu des fers et de traitemens plus affreux que les fers, fut trouvé le matin égorgé dans son lit, au *Temple, prison fameuse par des meurtriers nocturnes.* (Nocturnis cædibus infame.)

ÉPITAPHE DU CAPITAINE WRIGHT.

In carcere cui nomen *Templum*
Nocturnis cædibus infame,
Conclusus est,
Et durissimâ custodiâ afflictus;
Sed inter vincula,
Et vinculis graviora
Animi fortitudo et fidelitas erga patriam
Usque inconcussæ permanserunt.
Paulo post mane in lectulo mortuus
Jugulo perfosso repertus.
Patriæ deflendus, Deo vindicandus
obiit
V Kalendas novembris, anno sacræ 1805,
Ætatis suæ 36.

Je doute que, de tant de Français morts de désespoir sur les pontons, un seul ait dans un cimetière anglais une épitaphe aussi injurieuse au gouvernement du pays. Mais on voit là que le commodore a agi chez nous à son aise. Il fallait alors du scandale, des horreurs, contre Napoléon. C'étaient des armes pour ses ennemis, des excuses pour ses transfuges; et les traitemens de Sainte-Hélène, odieux même à l'Angleterre, devenaient de justes représailles!

Croyons pourtant que sir Sidney aura cédé à des motifs plus dignes de lui. Entraîné par son zèle, sur un terrain mal connu, livré avec sa franchise militaire, à de certaines suggestions de cour et de parti, il a voulu, il a cru venger un compagnon d'armes, et je conçois que l'on préfère pour la mémoire d'un ami la palme du martyre à la tache du suicide.

Espérons donc que sir Sidney, éclairé par le temps et par ses réflexions, reviendra sur son propre jugement, comme sir Robert Wilson a noblement désavoué lui-même, après vingt ans, ce qu'il avait publié sur le prétendu empoisonnement des pestiférés à Jaffa.

ÉVASION

DE

SIR SIDNEY SMITH ET DU CAPITAINE WRIGTH

DE LA TOUR DU TEMPLE (AVRIL 1798).

Prise de la frégate *le Diamant*. — Sidney et M. de Tromelin. — Négociation pour l'échange du commodore. — Le directoire refuse. — Agences royales. — MM. de Rochecotte, d'Esgrigny et Ratel. — Projet d'enlèvement. — Sir Sidney au Temple. — Il dîne en ville et va à la chasse. — Le concierge Boniface et sa femme. — Phélipeaux, Malet et Sourdat. — Le dalmate Wiskowich. — MM. Barras et Rewbel. — Le danseur Boisgirard. — Les blancs seings de M. Pléville-le-Pley. — L'Ecossais Keith et Legrand. — Travestissemens. — Présence d'esprit. — Evasion. — Fâcheux contre-temps. — Le sultan paie les frais. — Le jeune Frotté. — M. de Lobau. — L'ambassadeur Spencer Smith. — Méhée de la Touche. — M. Talleyrand, faux-monnayeur. — Un monomane. — Boniface, déporté comme jacobin.

D'APRÈS tout ce que je viens de dire de sir Sidney et de Wright, je crois qu'on lira avec quelque intérêt des détails sur leur enlèvement du Temple, en 1798. Cet épisode d'une vie assez aventureuse fut étudié et bien analysé par moi, quand j'entrai, dix-huit mois après, au ministère. Ce fut aussi pour moi une tradition utile, et ma première notion sur des personnages et des moyens qui excitaient mon attention.

En avril 1796, le commodore croisant avec sa frégate *le Diamant* devant le Hâvre, s'engagea, dans l'embouchure de la Seine, à la poursuite d'un corsaire; et comme il venait de l'enlever, il fut pris lui-même sur son embarcation avec son secrétaire Wright, douze hommes d'équipage et M. de Tromelin, émigré français. Ce dernier, par une consigne donnée à tous les hommes du bord, fut transformé sur-le-champ en domestique de sir Sidney, sous le nom de John Bromley, Canadien, et tous trois de la prison de Rouen et de celle de l'Abbaye à Paris, furent enfin mis à la Tour du Temple (3 juillet 1796).

Le ministère britannique mit beaucoup d'empressement à négocier la rançon du commodore. Le capitaine Bergeret, pris en Virginie, après un beau combat, fut d'abord envoyé en échange. Même, dit-on, plusieurs milliers de Français auraient aussi été offerts. Mais le directoire persista à garder son prisonnier.

Le 8 juillet 1797, le faux domestique, *John*, se fit renvoyer en Angleterre, comme non militaire, ou peut-être à cause de ses intelligences dans la prison en faveur de son maître. Il en revint bientôt, mais sous une autre forme et avec des instructions pour aider à la délivrance des deux captifs.

Il y avait alors dans Paris quelques restes des agences royales, rompues par le 18 fructidor. Le comte de Rochecotte, les abbés d'Esgrigny et Ratel s'y tenaient cachés, ralliant d'autres partisans, réfugiés des provinces. De ce nombre étaient Phelipeaux, échappé des prisons de Bourges, après les troubles de Sancerre; le Genevois Malet et M. Sourdat, compromis pour la même cause; M. Legrand, chef des révoltés de Palluau, acquitté par jugement, mais craignant de nouvelles poursuites. Tous furent initiés au projet, et l'enlèvement de sir Sidney devint pour eux une affaire de parti. Ce prisonnier avait toutes facilités de communiquer au-dehors par l'étrange complaisance du concierge Boniface, qui le laissait sortir sur sa parole d'honneur, pour se promener, prendre des bains, dîner en ville, même aller à la chasse.

D'ailleurs, il ne manquait jamais de revenir coucher et reprenait sa parole.

Le ministre de la marine eut vent de l'intrigue et en avertit son collègue de la police, lui assurant formellement (16 mars 1798) que « sous dix jours Sidney Smith serait évadé du Temple. » L'on va voir qu'il se trompait de bien peu. Quant à la police, elle ne prit d'autres soins que de transmettre cette information au fidèle concierge. Mais, comme si chacun, dans ces temps-là, devait faillir au devoir ou à la prudence, ce fut de la marine même, cette autorité si bien instruite, que sortit le moyen d'évasion.

Je présume que le ministre, M. Pléville-le-Pley, en partant six mois avant pour les conférences de Lille avec le lord Malmesbury, aura laissé à son cabinet quelques blancs seings pour des cas de forme ou d'urgence. Un Dalmate, nommé Viskowich, très délié et consommé dans l'intrigue (1), d'abord intéressé dans les fournitures à l'armée d'Italie, et depuis faufilé auprès de Barras et de Rewbel, procura aux amis de

---

(1) C'est certainement le même homme dont M. Thiers, au sujet d'une autre intrigue, dit, dans son *Histoire de la*

sir Sidney une feuille imprimée en tête au timbre de la marine, avec la signature du ministre au bas. L'intermédiaire dut être l'Ecossais Keith de la maison Harris, rue du Bac, commanditée par MM. Boyd. Phelipeaux remplit lui-même le blanc par un faux ordre du ministre de la marine, qui, d'après un prétendu arrêté du directoire, « enjoignait au concierge du Temple de livrer les deux Anglais à l'adjudant Auger, chargé de les conduire au dépôt des prisonniers anglais à Fontainebleau. » L'ordre, daté du 5 floréal an 6 (25 avril 1798), fut exécuté le même jour à sept heures du soir, par M. Boisgirard, danseur à l'Opéra, déguisé en adjudant Auger, avec son adjoint, M. Legrand, ci-dessus nommé, aussi en uniforme. Le concierge, sous l'influence de sa femme, toute dévouée à sir Sidney, se rendit sans objections. Son greffier, au contraire, ainsi que l'officier commandant la garde, soutenaient qu'il fallait

Révolution : « On se servit d'un Dalmate, intrigant adroit, qui s'était lié avec Barras, pour gagner ce directeur. Il paraît qu'une somme de 600,000 fr., en billets, fut donnée à la condition de défendre Venise dans le directoire (vol. 9, page 147, 2° édition). »

d'autres précautions pour des détenus de cette importance. Ils voulaient les faire escorter jusqu'à Fontainebleau par des gendarmes du poste. Le pas était glissant et difficile. L'adjudant de théâtre s'en tira par un beau mouvement : « Citoyens, dit-il avec dignité, la parole d'honneur suffit entre militaires. Si ces deux officiers étrangers me la donnent, je n'ai pas besoin d'autres sûretés. » La parole est donnée à l'instant, et tous les quatre sortent enfin du Temple et d'une situation si critique.

Mais un nouveau danger les attendait dehors. Le fiacre, en précipitant leur retraite, renversa les paniers d'une marchande de pommes, et même un enfant fut exposé sous les pieds des chevaux. On arrête la voiture ; des cris : *à la garde !... chez le commissaire !* se font entendre. Les deux Anglais et leurs libérateurs n'ont que le temps de sauter par la portière, en mettant par mégarde, au lieu d'une pièce de trente sous, un double louis dans la main du cocher. Puis, s'esquivant dans la foule, chacun de leur côté, ils évitent le fâcheux aspect d'un commissaire de police. Ce fut leur seconde évasion, et non moins importante que l'autre.

Rien de tout ceci ne vint aux oreilles de la police. Neuf jours se passèrent sans qu'elle se doutât de la disparition de ses captifs. C'est seulement le quatorzième qu'elle en fut bien assurée, et qu'elle se décida à y croire. Ceux qui l'avaient jouée n'en furent guère inquiétés.

Depuis l'accident du fiacre, l'ex-adjudant Boisgirard ne revit plus sir Sidney, qui partit le même soir pour Londres, par Rouen. M. Legrand s'y rendit aussi peu après, et le suivit à Constantinople avec MM. Phelipeaux, Tromelin, le jeune Frotté et Viscowich. Par une singularité remarquable, c'est la sublime Porte ottomane qui paya les frais de ce tour d'adresse, exécuté à Paris au profit de deux officiers anglais, par des royalistes français, aidés de la subtilité d'un Dalmate et d'un Écossais, outre la dignité d'un figurant d'opéra, et la niaiserie d'un concierge de prison; d'ailleurs, très ardent jacobin. M. Spencer Smith, ambassadeur à Constantinople, et frère de notre commodore, trouva le moyen de mettre ceux que je viens de nommer, à la solde du sultan. Il n'y eut pas jusqu'à Boisgirard, qui ne figurât sur le contrôle pour un traitement de huit à neuf cents francs par mois, quoiqu'il restât en France, et dans un état peu aisé. En 1800, compromis par la correspondance d'un commissaire royal à Paris, qui lui avait compté quelque argent, il fut interrogé, détenu, mais rendu bientôt à l'opéra; il paraît qu'il ne se mêla plus d'affaires publiques.

En 1804, M. Spencer Smith, alors ministre à Stuttgard, se servant de M. Méhée comme d'un agent anglais, lui recommandait dans ses instructions de voir M. de Tromelin. « Je sais, ajoutait-il, comme il déteste Bonaparte, etc. » Ceci amena un examen sévère contre M. de Tromelin. Mais toute sa conduite depuis sa rentrée parut sans reproche; et la police trouva que M. de Tromelin valait mieux que les éloges de M. Spencer Smith. Cependant il fallait des gages au gouvernement. On le stimula, vu son âge et ses moyens, à prendre du service, ce qu'il fit. Et depuis Napoléon, à la recommandation de monsieur le comte Lobau, le nomma général de brigade, après Lutzen, tout en lui parlant, mais sans humeur, de ses prouesses passées pour les Anglais.

M. Legrand, revenu à Valençay, son pays,

après ses campagnes en Orient, y était oublié depuis huit ans, quand il s'avisa de rêver que M. de Talleyrand faisait battre de la fausse monnaie dans les caves de son château. Toutes les nuits il entendait les coups de balancier, et ses dénonciations obstinées devinrent une persécution telle que l'autorité fut obligée de le contenir, mais sans pouvoir le désabuser. Pour en finir et avoir la paix avec lui, je pressai M. de Tromelin de l'emmener en Illyrie, quand il passa à cette armée.

Voilà les seuls de tous ces messieurs dont la police consulaire ou impériale ait troublé le repos. Or, on voit pourquoi, et dans quelle mesure elle a agi. C'est donc une occasion qui s'offre d'elle-même d'apprécier ses maximes et ses procédés.

Quant aux autres acteurs de cette scène, le comte de Rochecotte, découvert dans Paris, fut jugé militairement sous le directoire.

M. Sourdat entra au service dans l'armée, et il en était très capable.

M. Mallet retourna en Suisse, et M. l'abbé Ratel à Londres.

L'abbé Desgrigny resta ignoré dans le midi.

M. de Frotté, toujours tranquille dans ses terres.

Le concierge Boniface fut compris dans l'arrêt de déportation, exécuté en 1801 contre les jacobins, à l'occasion du *Trois Nivose*. Sa femme mourut dans la misère à Besançon.

Phelipeaux succomba dans ses grands travaux au siège de Saint-Jean-d'Acre, où il servit avec trop de succès contre notre armée d'Égypte.

Enfin, Viscowich, l'âme de toute l'intrigue, fut enlevé par un boulet, en 1814, en débarquant d'une felouque aux bouches du Cattaro, pour insurger ses compatriotes contre les Français.

NAPOLÉON ET L'ESPAGNE.

Révolutions sur révolutions. — Ferdinand conspire contre son père. — Abdication du vieux roi. — L'arbitre souverain. — — Une dynastie nouvelle. — Restauration. — Insurrection de l'île de Léon. — Nouvelle invasion. — Le prince de la Paix et l'héritier présomptif. — Rivalités. — Ferdinand demande la main d'une princesse de la famille de Napoléon. — Singulière méprise de l'ambassadeur M. de Beauharnais. — Manifeste chevaleresque. — Il se met sous la protection des Anglais. — Les Espagnols en ôtage. — L'armée de la Gironde. — Junot. — Le général Solano. — Don Juan Escoïquitz. — Le duc de l'Infantado. — Ferdinand prémédite un parricide. — Propos du duc d'Almondovar. — Réponse du président Arrios-Mon. — Triple intrigue. — Le banquier Michel. — Les Anglais proposent à Godoï la royauté des colonies espagnoles. — Projet de faire embarquer les Bourbons d'Espagne. — Soulèvement d'Aranjuez. — Pillage. — Cruelle situation du prince de la Paix. — Démarche et exaspération de l'infante, son épouse. — Abdication du vieux roi. — Ferdinand VII est proclamé. — Charles IV proteste. — Il appelle les Français et se met sous leur protection. — Lettre de la reine d'Étrurie à Murat. — Le prince de Talleyrand et M. Izquierdo. — Une nouvelle convention. — *Le Moniteur* et *les Débats*. — Les deux versions. — Charles IV offre sa couronne à l'empereur. — Mots qui trahissent les projets de ce dernier. — Délivrance du prince de la Paix. — Le prince Masserano. — Paroles de Napoléon au commerce de Bordeaux. — Ses instructions au général Monthion. — Sa foi dans les traités. — Mission du duc de Rovigo. — Le maire de Saint-Jean-de-Luz. — Ses scrupules. — Le général Simmer. — Entrevue de l'empereur et de Ferdinand. — Scène d'amitié entre Napoléon, le roi et la reine d'Espagne. — Courtoisie de l'empereur. — Acte de rétrocession de Ferdinand VII.— Conduite et testament du prince de la Paix. — Joseph Napoléon, proclamé roi d'Espagne. — L'Autriche hésite à le reconnaître. — Observation d'une gazette allemande. — Insurrection de l'ambassadeur autrichien. — Réponse de Napoléon. — Imprudence de la reine d'Etrurie. — Le baron de Kollis. — Projet d'enlèvement. — Perfidie d'un officier de la maison de Ferdinand. — Excessive dévotion de don Carlos. — Elle nuit à la conformation de ses genoux. — Charles IV, grand joueur au billard. — La Siesta. — Départ du vieux roi pour Rome. — Napoléon hésite à faire les frais de ce voyage. — Trois rois sans états dans la cité sainte. — Les trois rois d'Espagne. — Ferdinand VII est rendu aux peuples de la Péninsule. — Wellington se déclare contre la constitution des Cortès. — Tyrannie.

L'Espagne, constituée pour un état d'immobilité sociale, a subi en douze ans une série de révolutions intérieures, que l'histoire offre à peine ailleurs dans l'espace de plusieurs siècles.

En octobre 1807, l'héritier présomptif du trône, arrêté avec éclat pour haute trahison, est soustrait au jugement par le pardon de son père.

Au mois de mars suivant, le vieux roi est forcé d'abdiquer en faveur du même fils.

Quarante jours après, l'un et l'autre vont terminer leurs débats devant un arbitre étranger, par l'abandon de leurs droits, l'exhérédation et l'éloignement de la famille royale.

Une nouvelle dynastie, établie d'abord sans

combats, est repoussée ensuite par six ans de résistance nationale.

L'ancienne est ramenée par le succès de ces efforts populaires, imités et soutenus par une partie de l'Europe. Mais la restauration brise ses propres instrumens; le jeune roi signale sa rentrée en écartant les institutions et les hommes qui l'ont fait roi du vivant de son père et qui lui rendaient son pays, sa liberté, sa couronne !

De là une réaction opiniâtre du principe qui s'attribuait la restauration, contre un ordre de choses qui en détournait les fruits.

Après six ans de complots, de supplices et d'exils, une insurrection militaire à l'île de Léon, appuyée par le mouvement de la capitale, contraint Ferdinand (1820) d'adopter le régime qu'il avait repoussé à son retour en 1814.

Des soulèvemens partiels pour l'autre système sont réprimés sur tous les points. Mais l'étranger intervient encore dans la querelle, et la Péninsule devient, en 1823, le théâtre d'une invasion nouvelle, où tous les rôles sont changés. Les Espagnols, dans la première, combattaient pour délivrer leur roi des mains des Français; dans celle-ci, ce sont les Français qui prétendent délivrer le même roi des mains des Espagnols.

C'est du palais que sont sortis les élémens de ces crises multipliées. J'en parlerai, non plus en témoin, comme je le suis dans d'autres récits, mais en simple rapporteur, bien placé et attentif.

Don Manuel Godoï s'était élevé des rangs des gardes-du-corps au poste de premier ministre. Favorisé par la reine, non moins cher au monarque, marié à une infante, décoré du titre de *prince de la Paix*, il exerçait dans l'état une autorité égale à son crédit à la cour... Cette espèce de visiriat n'est pas étrangère aux habitudes de la monarchie espagnole; et l'on peut dire que le caractère et les actes de celui qui en était investi, n'y ajoutait rien d'oppressif ou d'odieux.

Mais des ambitions rivales suscitèrent contre lui l'héritier présomptif qui, parmi les leçons de ses instituteurs, apprit que le favori songeait à l'exclure de la couronne. Une guerre sourde et implacable s'alluma ainsi, sous les degrés du trône d'un roi vieux et débile. Les deux partis, mus d'abord par des vues défensives, s'animèrent à des agressions ouvertes, et chacun ne vit plus de salut que dans la ruine de l'autre.

Ferdinand avait pour lui son rang, ses droits, dans un avenir assez prochain, et la faveur publique, composé vague d'amour, de nouveauté de haine et de jalousie contre tout favori. Ses conseillers jugeaient ces ressources trop faibles contre les projets audacieux d'un adversaire qui disposait de la puissance et des volontés du roi. Ils suggérèrent donc à leur royal élève l'idée de rechercher au-dehors une sauve-garde puissante, en adressant secrètement à Napoléon le vœu de recevoir pour épouse, une princesse de sa famille. La réponse fut favorable; notre ambassadeur, M. de Beauharnais, trompé par les termes de la dépêche, ou plutôt par l'idée qu'il attachait au mot de *princesse impériale*, se persuada qu'il s'agissait de sa propre nièce, mademoiselle Tascher de la Pagerie, depuis princesse d'Aremberg, vu que la fille aînée de Lucien, seule nièce de l'empereur, alors nubile, n'était point qualifiée *princesse impériale*. Il mit donc un zèle extrême à l'objet de cette négociation, et entra tout-à-fait dans la ligne des intérêts du prince Ferdinand contre le premier ministre.

Celui-ci avait deux moyens de neutraliser cette combinaison, ou en allumant la guerre entre l'Espagne et la France, ou en traitant lui-même avec Napoléon à des conditions qui offrissent à ce prince plus d'avantages que le mariage projeté. Son choix fut d'abord pour la première de ces deux voies. L'Europe a retenti de son manifeste chevaleresque et fulminant, où il appelle tous les « Espagnols aux armes, contre l'ennemi commun, au nom de la religion et de l'ordre social. » Désignant en termes généraux, mais assez clairs, Napoléon, la France, la révolution!... C'était comme une croisade, et elle coïncidait avec l'époque où la Grande-Bretagne mettait en mouvement cette nouvelle coalition, dont la Prusse fut l'avant-garde (1806). Ainsi, l'Espagne venait se ranger sous la bannière des Anglais qui, récemment lui avaient enlevé en pleine paix, quatre frégates richement chargées; comme si ces trésors n'eussent été qu'un subside déguisé pour la coalition; ou peut-être, un capital ménagé à Londres pour le prince de la Paix lui-même. Son indifférence pour une violation aussi grave autorise toutes conjectures. Quoi qu'il en soit, un éclat si brusque qui semblait soulever la Péninsule derrière nous, pouvait mettre un grand poids dans la balance. Mais la victoire d'Iéna dissipa l'illusion; l'auteur de cette boutade s'empressa d'offrir des explications et des protestations d'amitié.

Napoléon consentit à y croire, et à en recevoir les preuves, par l'envoi de vingt mille Espagnols à son service. Ces forces, arrivées à Hambourg le 1er juin 1807, appuyaient l'armée française contre cette même ligue, que l'imprudent manifeste les avait appelés à seconder.

Napoléon, qui cherchait tous les points où il pouvait atteindre l'Angleterre, aperçut ici l'occasion de soustraire à son influence le Portugal. L'intérêt de l'Espagne s'accordait avec ce projet, que l'antipathie des deux peuples favorisait aussi. Napoléon ne prétendait qu'à être le gardien du pays contre les Anglais, retenant à cet effet, Lisbonne et sa province, et abandonnant le reste en trois parts : une à la couronne d'Espagne, une à la reine d'Étrurie, en échange de son royaume, et une au prince de la Paix, auquel on formait avec l'Alentejo et les Algarves, une principauté indépendante. La convention en fut signée à Fontainebleau le 27 octobre 1807. Mais à l'avance, et d'après des arrangemens particuliers, le général Junot formait *l'armée de la Gironde*, déjà devenue, par décret du 28 août (1807), *armée d'observation du Portugal*. Elle arriva à Lisbonne le 29 novembre, renforcée de douze mille Espagnols, conduits par le général Solano. Ainsi, l'Espagne avait donné vingt mille hommes pour notre armée du nord, douze mille pour celle du Portugal, et nous étions maîtres d'un royaume sur ses derrières. Quels sacrifices faisait le ministre pour effacer ses torts, pour ôter à Ferdinand l'appui de la France, et assurer son propre sort contre la puissance de son ennemi, s'il ne pouvait l'écarter du trône!

Se confiant dans cette position trop personnelle, il crut pouvoir frapper le coup décisif; et, le 29 octobre, deux jours après la signature du traité de Fontainebleau, il fit arrêter à l'Escurial, le prince des Asturies, avec son instituteur, le chanoine don Juan Escoïquitz, le duc de l'Infantado et autres; deux décrets royaux accusèrent le prince du double crime de trahison contre l'état, et de conspiration contre la vie de son père. La trahison était motivée sur des communications clandestines avec une puissance étrangère, pour traiter de son mariage, à l'insu du roi; la preuve de l'attentat prémédité contre les jours du souverain, était un acte dont la minute trouvée chez le prince et écrite de sa main, portait en substance :

« Moi Ferdinand VII, roi d'Espagne, etc., etc... *Dieu ayant trouvé bon d'appeler à lui l'âme du roi notre père*.... Nommons par ces présentes, le duc de l'Infantado, gouverneur général des deux Castilles, généralissime des troupes de terre et de mer... Voulons que le présent acte, quoique non revêtu des formes ordinaires, soit reconnu et reçoive toute son exécution, etc... »

Cette ordonnance royale prématurée prêtait aux plus affreuses interprétations, puisqu'on y supposait la mort du roi, en exerçant son autorité. Elle fut pourtant avouée par tous les accusés. Escoïquitz l'avait rédigée, le prince l'avait écrite, signée et délivrée au duc. Celui-ci, sommé de la représenter, déclare l'avoir brûlée aussitôt que les circonstances qui la faisaient juger nécessaire avaient cessé. Le duc fut, en outre, convaincu d'avoir avancé cinq cent mille francs à l'héritier du trône, crime capital dans les constitutions espagnoles. Tous trois se mirent à la miséricorde du roi, mais en alléguant que, « la commission donnée à l'Infantado, était une simple mesure de précaution, préparée à une époque où le roi était malade; elle ne devait avoir d'effets que dans le cas de son décès naturel, et uniquement pour réprimer certains projets, tendant à exclure de la succession l'héritier légitime. » — D'amples éclaircissemens sur ce dernier point étaient consignés dans une lettre trouvée chez le prince. Escoïquitz osait y révéler à son élève les mystères d'une prétendue intimité entre la reine et le premier ministre, et la résolution formée en conséquence par ces deux personnages, de faire passer ses droits à l'un des enfans puînés. C'est à ces étranges particularités que Napoléon fait allusion dans sa lettre de Bayonne (16 avril), pour détourner le jeune roi de faire juger le prince de la Paix : « Comment pourrait-on lui faire son procès, sans le faire à la reine, et au roi votre père ? Le résultat en serait funeste pour votre couronne; votre altesse royale n'y a de droits que ceux que lui a transmis sa mère. Si le procès la déshonore, votre altesse royale déchire par-là ses droits. » (Lettre publiée dans l'apologie d'Escoïquitz.)

Les assertions de la lettre d'Escoïquitz étaient si claires, si outrageantes pour la reine, que le premier ministre eut la délicatesse ou la faiblesse de s'effrayer d'une pareille communication, soit au roi, soit aux juges, et surtout au public; par une sorte de transaction, la pièce fut écartée de la procédure. C'était renoncer à la preuve la plus décisive des influences criminelles exercées sur l'esprit du jeune prince. Les accusés, de leur côté, consentirent à ne donner d'autres motifs de leurs craintes sur l'exhérédation, que des propos tenus par le duc d'Almondovar, frère du prince de la Paix, *qu'il faudrait bien en venir à couper des branches et à changer la ligne de succession.*

Le second grief; la proposition de mariage avec une princesse française pouvait encore moins se soutenir, puisqu'il touchait à l'ambassadeur de France, et presque à Napoléon.

Le roi pardonna donc à son fils, qui fut remis en liberté après huit jours de détention. Ses coaccusés furent absous à l'unanimité par une haute cour de justice, formée de onze membres du conseil de Castille. Quand la sentence fut communiquée au ministre, il s'emporta contre la prévarication et la faiblesse des juges qui avaient des preuves si manifestes du crime. Arrios-Mon, le président, lui répondit : « Quand le principal accusé est couvert de la clémence royale, et qu'il peut demain être notre souverain, est-ce à nous de prononcer le supplice de ceux qui n'ont été que ses agens ? Etrange raisonnement qui fait du pardon royal d'un père un titre d'impunité pour les meneurs d'un si jeune fils ! et de là, les soupçons répandus partout que ce fils est l'objet d'une machination de famille, dont on n'avait pas osé le faire victime.

Ainsi cette grande cause, portée par le ministre devant le roi, devant la justice et en quelque sorte devant l'opinion, échoua de tous côtés, même l'appui de la France lui manqua. L'ambassadeur soutint ouvertement les accusés, et Napoléon, qui ne put intervenir dans ce coup d'état, terminé avant qu'on le connût à Paris, le jugea tout-à-fait inconsidéré; il eut le triste effet de toute mesure extrême portée à faux. L'opinion se prononça pour Ferdinand, et sa faction de courtisans osa se servir d'un semblable levier. Mais si quelques grands et la partie influente du public se trouvèrent d'accord, leur but était bien différent. Tous voulaient arracher le pouvoir royal au favori; mais, les uns pour s'en saisir à leur tour, les autres pour le modifier par de grandes réformes. La révolution marchait à l'ombre de l'intrigue de cour; et, dans cette lutte du fils contre le père, des grands contre le premier ministre, du ministre contre l'ordre de succession, un parti préparait l'œuvre d'une émancipation politique, tandis qu'un conquérant étranger, auxiliaire, recherché des deux côtés, se présentait avec l'attitude de la médiation et avec les forces de l'invasion.

L'Espagne voyait en frémissant les Français traverser ses royaumes, s'assurer des places frontières, s'approcher de la capitale, et ses propres armées livrées au-dehors, ou paralysées au-dedans. Les cris de trahison et de perfidie éclataient contre le gouvernement qui, loin de pouvoir éclairer ou réprimer les méfiances sur ces étranges mouvemens, restait lui-même sans lumières ni sûretés entre une explosion populaire et nos formidables secours. Ses premières concessions avaient amené nos envahissemens, ses ombrages tardifs nous portaient à prendre de nouveaux avantages. Enfin, notre amitié, toujours exigeante à Paris, presque hostile à Madrid par notre ambassadeur, et s'avançant en armes dans la Péninsule, ne donnait ni satisfaction ni explication à l'homme que l'indignation publique accusait de nous sacrifier la monarchie en haine de l'héritier présomptif. Un fait peindra cette singulière situation. Le 27 février 1802, M. Michel, banquier de Paris, revenant de Madrid, où il avait eu de fréquentes communications avec le prince de la Paix, fut amené directement au ministère de la police, au lieu de descendre chez lui. On comptait trouver là quelques lumières sur les dispositions du premier ministre, suspecté alors d'intelligence avec les Anglais, et sur le mouvement de ses fonds qu'on croyait placés à Londres. On lui soupçonnait aussi quelques relations secrètes avec le prince Murat, que M. Michel avait rencontré à Bordeaux, se rendant en Espagne. Les papiers ne donnèrent aucun éclaircissement, mais M. Michel s'expliqua librement sur les bonnes intentions du ministre et les embarras où nous le jetions : « Il est inquiet, dit-il, parce qu'il voit qu'on n'a pas de confiance et qu'on agit sans lui rien communiquer. Il a rejeté toutes les propositions des Anglais, celle entre autres de le reconnaître roi des colonies espagnoles..... Le prince n'a point de fonds à Londres ni sur d'autres places étrangères, toute sa fortune est en domaines territoriaux en Espagne. Il m'a chargé d'acheter pour lui des rentes sur notre grand-livre, une bibliothèque et deux hôtels à Paris, pour y faire élever ses enfans... Le roi et la reine le chérissent comme un fils ; il est détesté du prince des Asturies, qui lui ferait trancher la tête du moment qu'il aurait le pouvoir. » Voilà la crise sur laquelle nous planions en forces, poussant le premier ministre jusqu'au bord de l'abîme, où il serait enfin précipité par le prince Ferdinand, son ennemi, que nous nous croirions autorisés à y jeter après lui ; ce fut, en effet, le terme fatal de l'intervention invoquée par tous deux. Dans cette extrémité, le ministre voulut essayer de l'appui des Anglais par l'envoi d'agens secrets à Gibraltar ; mais il fallut s'en excuser auprès de Napoléon, en alléguant de prétendues intelligences pour surprendre cette forteresse. Bientôt il n'eut plus d'autre ressource que de nous fuir en transférant la famille royale et le gouvernement à Séville et même jusqu'à Cadix. De là, selon les événemens, on gagnerait les îles espagnoles ou même les colonies d'Amérique, d'après l'exemple récent de la maison de Bragance. Pour cela, une flotte de onze vaisseaux de guerre stationnait à Mahon; le général Solano quittait avec son corps l'armée française de Portugal, pour venir couvrir l'Andalousie; la garnison de Madrid était réunie à Aranjuez, où se trouvait la cour, les carabiniers occupaient par échelons des postes jusqu'à Séville. Enfin, le départ était fixé pour le 18 mars (1808), et la famille du ministre était déja en route; elle fut même arrêtée peu de jours après à Carpio, près de Séville.

Le 16, le prince des Asturies fut appelé par son père; on lui fit part de la nécessité où se trouvait le roi, vu la méfiance qu'excitaient les projets des Français, de s'éloigner et de mettre à l'abri sa famille et son gouvernement. On offrit au jeune prince ou d'accompagner sa majesté, ou de rester dans l'intérieur à la tête des troupes, avec le titre de lieutenant-général du royaume. Il s'excusa sur son peu de connaissances militaires, quoiqu'on le laissât maître de choisir ses généraux, et il déclara être prêt à suivre le roi. Le ministre prit ici l'occasion de se justifier de la malveillance qu'on lui supposait envers l'héritier de la couronne, invoquant le témoignage de leurs majestés contre les préventions, inspirées par de perfides alentours. Le jeune prince fondait en larmes, prenait la main du ministre et l'embrassa plusieurs fois en lui disant : « Je vois bien qu'on m'a trompé et que tu es mon ami. » Rentré dans ses appartemens il tint conseil avec ses confidens, qui se prononcèrent hautement contre son départ. L'on proposa d'abord, comme leurs majestés, avec le ministre, partaient en avant, d'arrêter le carosse de Ferdinand, qui devait les suivre à quelque distance, sur un signal qu'il donnerait à la portière avec son mouchoir; qu'aussitôt on couperait les traits des chevaux, et que lui-même, retenu par le peuple et les soldats, serait supplié de ne pas les abandonner, etc., etc.... Mais le parti fut jugé insuffisant, la perte du favori pouvant seule mettre un terme à tant de maux, dont il était l'auteur; et on décida que l'insurrection aurait lieu immédiatement à Aranjuez même.

En conséquence, le lendemain (17) le peuple prit l'alarme sur les préparatifs de départ, et avec quelques gens de la maison et de la garde, courut en tumulte au palais, criant : «Vive le roi! vive la reine! vive Ferdinand! meure le tyran!» Le roi déclara alors que son intention n'était pas de s'éloigner, comme on le pensait, qu'il attendait les Français pour joindre leurs forces aux siennes contre l'ennemi commun. On répondit dans cette foule, que le ministre ayant demandé la veille la démission de tous ses emplois, sa majesté la lui avait accordée, et qu'on le croyait en fuite.

Le 19, nouveau soulèvement. On pilla l'hôte du favori et celui du ministre des finances, Espinosa ; on commit d'autres désordres, le palais du roi fut assailli : le prince de la Paix s'y tenait caché, dans un grenier, depuis trente-six heures, souffrant de la faim, et plus encore de la soif. Au bruit de pas qu'il entendait, il sortit en disant : « Pour Dieu, procurez-moi un verre d'eau! » C'était un garde-du-corps qui le reconnut, et feignant d'aller chercher de l'eau, vint avertir les séditieux. Saisi, traîné par la foule, il reçut plusieurs blessures. La reine conjura le prince des Asturies de lui sauver la vie, ce qu'il fit en promettant à ces furieux de le livrer à la rigueur de la justice. Tel était le déchaînement contre lui, que l'infante son épouse courut vers leurs majestés, et leur jetant, pour ainsi dire, sa fille, « Tenez, s'écria-t-elle, reprenez cet enfant, le seul lien qui m'attache au monstre à qui on a voulu unir ma destinée ! »

C'est au milieu de ces scènes que Charles IV donna son abdication; elle fut aussitôt rendue publique, Ferdinand VII fut proclamé, le désordre cessa.

Le prince Murat, à la tête d'un corps considérable, était à deux journées de Madrid. Un prompt message de la reine d'Etrurie l'instruit de tout, en le prévenant que l'abdication de son père était forcée, et le sollicitant de venir en toute hâte les protéger. Le 24, Murat était auprès du roi Charles, qui protesta contre son abdication, et se plaça, avec la reine, sous la sauve-garde d'un détachement français. Le général fit en vain des instances, même des menaces, pour qu'on mît à sa disposition le prince de la Paix, qui resta étroitement gardé dans un fort, par plusieurs régimens. Deux gardes-du-corps le surveillaient jour et nuit, ordre de le tuer, dit-on, si les Français faisaient quelque mouvement pour le délivrer.

De son côté, le nouveau roi, quoique non reconnu par l'ambassadeur et le général en chef, se rendit à Madrid aux grandes acclamations des habitans. Il y prit les rênes du gouvernement; le duc de l'Infantado se trouva revêtu des hauts emplois, dont le brevet anticipé l'avait conduit, peu de mois avant, près de l'échafaud. Les exilés du précédent régime furent rappelés, et ses créatures relégués à leur tour. On somma, sous peine de mort, les détenus et condamnés de rentrer dans les prisons que l'insurrection avait ouvertes. Le jeune roi envoya de nouveaux pouvoirs au ministre d'Espagne à Paris, et députa trois seigneurs de sa cour au prince Murat, qui maintenait les esprits par l'attente de l'arrivée prochaine de Napoléon. La députation, sur cette assurance, partit pour la frontière à sa rencontre. Pendant cette crise, une nouvelle convention, en supplément à celle de Fontainebleau, était signée à Paris le 24 mars, entre le prince de Talleyrand et M. Izquierdo, plénipotentiaire obscur de don M. Godoï, et qui, à part de l'ambassadeur du roi, faisait et refaisait de si graves traités. Le courrier, porteur de celui-ci, était parti le 26 mars à cinq heures du matin; dans la même journée, arrivèrent les nouvelles d'Aranjuez des 17 et 19; M. Izquierdo, à Paris, courut à Saint-Cloud, où il eut une audience de deux heures. Le premier acte de l'empereur fut de remplacer par M. de la Foret, le ministre Beauharnais, qu'il blâmait d'une partialité outrée contre le prince de la Paix. Le *Moniteur* du 27 donna une relation simple des faits d'Aranjuez. *Le Journal de l'Empire* avait gardé la même mesure; des numéros étaient déjà imprimés, lorsqu'à dix heures du soir arriva, d'en haut, une nouvelle rédaction, où, entre autres expressions sévères, on disait : «Le prince des Asturies monte sur le trône couvert du sang de son père qui lui a pardonné, il y a peu de mois, ses attentats. » L'article fut substitué au premier, dans les numéros qui restaient à tirer. Comme le ministre de la police recevait ses journaux dès la veille, à six ou sept heures du soir, j'ai lu les deux feuilles du même jour, d'un style si différent. Le 31 mars, Napoléon reçut une lettre autographe du roi Charles, datée de l'Escurial. Après avoir déclaré que son abdication est l'œuvre de la violence, il proteste de son désir sincère d'unir les forces de sa monarchie pour l'accomplissement des glorieux desseins de l'empereur, et il termine ainsi : « Il me sera doux de posséder une métairie auprès du plus grand souverain du monde. » Le fil qui va conduire Napoléon se découvre ici dans cet abandon du vieux roi, qui ne tient plus à la couronne que pour la reprendre à son fils et l'offrir d'avance au médiateur qu'il établit entre lui et ce fils.

Muni d'un tel gage, il part à la hâte pour Bayonne (2 avril), laissant un itinéraire à l'impératrice pour partir le 6, et le joindre à Bordeaux le 10. Ses résolutions restaient impénétrables, peut-être n'étaient-elles point fixées avant son départ; il lui était échappé que Charles IV, pourrait choisir pour sa résidence, la France, la Toscane ou Rome. De plus, il avait ordonné, chose la plus agréable au roi et à la reine, de délivrer le prince de la Paix de son donjon, où il courait les plus grands risques. Le prince Masserano, qui avait remis ses nouvelles lettres de créances, sans recevoir de réponse, devait, en l'absence du ministre, M. de Champagny, qui suivait l'empereur, communiquer avec le prince de Talleyrand. Enfin, à Bordeaux dans son audience au commerce, on ne remarqua que ces paroles. « Le gouvernement espagnol est faible, je lui donnerai quelque énergie ! » Mais il développa ses vues, dans un entretien de deux heures, au général Monthion qu'il expédiait au prince Murat. Cet officier, plein de ses instructions, les mit par écrit en rentrant chez lui. Ce serait un morceau intéressant pour l'histoire de cette époque.

L'on peut croire que Napoléon était peu disposé à reconnaître l'intronisation de Ferdinand, fruit d'une émeute populaire et d'une politique suspecte; il n'entendait pas non plus procéder à la restauration du roi Charles, devenu par son discrédit, un allié peu utile. Je crois qu'une pensée plus décisive l'occupait : c'était de mettre, comme Louis XIV, la couronne d'Espagne dans sa famille. Le vieux roi la lui offrait, le fils, en état d'usurpation et de révolte, serait bientôt réduit ou à perdre ses droits dans une lutte inégale, ou à les résigner dans une soumission forcée. Napoléon, médiateur généreux, pouvait lui donner des indemnités. L'Espagne, délaissée par deux rois, dégoûtée du favoritisme et menacée du déchirement, obtenait avec sa nouvelle dynastie le repos et une constitution. La France saurait gré à la politique de son chef, d'une acquisition aussi importante sans coup férir ; enfin l'Europe ne devait voir là que des arrangemens de famille, réglés de bon gré par un souverain légitime dans l'intérêt de ses peuples, et où l'on n'aurait dépouillé que la rebellion.

Voilà les aperçus où se laissa entraîner Napoléon, toujours porté à estimer les transactions, plus au poids de l'autorité que des sentimens publics. C'est ainsi qu'il rechercha pour sanction à sa couronne, la bénédiction d'un pape. Ainsi il crut s'assujettir des royaumes en les donnant à ses frères, des provinces d'Allemagne en y créant des rois. Il se tenait aussi assuré de la Russie et de Paul Ier par son traité de 1800 ; d'Alexandre par la foi jurée à Tilsitt et à Erfurth ; de l'Autriche par un mariage !.... Ce prestige qu'il attachait au nom et aux formes du pouvoir, hâta sa ruine; lorsqu'au 30 mars 1814, il écarta de Paris, avec l'impératrice, toutes les grandes autorités de l'état, croyant par-là que les alliés n'auraient personne avec qui traiter valablement contre ses intérêts, ils surent bien y suppléer... Je reviens à l'Espagne. Napoléon, décidé à profiter de tous ses avantages, ne s'appliqua plus qu'à masquer son but, par tous les dehors d'une neutralité bienveillante, désintéressée, conciliatrice, qui ne veut que s'éclairer pour mieux juger.

Il témoigna de l'empressement à voir le jeune prince; mais c'est à Bayonne qu'il l'attendait par des motifs assez plausibles de délicatesse et de respect pour l'indépendance d'une nation alliée. Le duc de Rovigo fut envoyé pour le déterminer à s'y rendre. La fierté et la prudence espagnole résistait à une telle démarche; cependant Ferdinand, pressentant tous les dangers d'un refus, consentit à s'avancer jusqu'à Vittoria, dans l'espoir que Napoléon ferait de même. Le duc de Rovigo se hâta de venir en informer l'empereur, qui le renvoya le 17 avril avec une lettre au prince, qu'il appelle *mon frère* et en même temps *altesse royale*; il lui promet solennellement de le reconnaître roi d'Espagne, si l'abdication de son père est de pur mouvement. Le ton de la lettre est même fort grave, tant sur l'émeute d'Aranjuez que sur les griefs du procès de l'Escurial : « Votre altesse royale avait bien des torts, je n'en veux pour preuve que la lettre qu'elle m'a écrite, et que j'ai constamment voulu ignorer. Toute démarche auprès d'un souverain étranger de la part d'un prince héréditaire, est criminelle. » (Lettre publiée dans l'apologie d'Escoïquitz.)

Un langage si peu rassurant donnait à penser au prince et à sa suite. Le duc de Rovigo les surprit le soir en conseil secret; mais toute délibération était vaine, ou allait amener un choc. Les détachemens français s'étaient rapprochés; et, malgré le tumulte du peuple de Vittoria qui voulait couper les traits de la voiture, Ferdinand se mit en marche (19 avril), et arriva le lendemain à Bayonne.

Notre frontière l'inquiéta d'abord, rien n'était disposé dans les deux premiers bourgs pour sa réception; mais le duc de Rovigo, qui prit les devants pour avertir Napoléon, avait, en relayant à Saint-Jean-de-Luz, fait dire à la hâte au maire par un gendarme *que le roi arrivait, et de le recevoir.* Le maire, homme d'esprit, quoique embarrassé sur un message verbal si laconique, se décida pour le plus de pompe possible. Au moment où, à la tête de tout le cortége municipal, il saluait le roi dans sa harangue, comme *le fidèle allié de l'empereur*, le prince l'interrompit de la main, et la serrant contre son cœur, dit avec effusion : « Oui, monsieur, et son ami le plus intime !.... » Cependant le maire, craignant d'avoir trop pris sur lui, d'après les observations du général Simmer, alors à Saint-Jean-de-Luz, se hâta d'envoyer des explications à Bayonne ; mais son messager, qui lui rapporta de quel air riant sa lettre avait été reçue, le rassura pleinement.

A la première entrevue, Napoléon embrassa Ferdinand ; les communications continuèrent d'être affectueuses quoique à table, et dans les divers entretiens, il évita constamment les termes, soit de majesté, soit d'altesse royale, n'employant que l'expression indirecte *elle : voudrait-elle? pense-t-elle?* etc....

Cependant le sort du jeune roi était décidé ;

jusque-là Napoléon avait hésité, sentant tous les embarras d'une donation faite par un père, et qu'il faudrait poursuivre à main armée contre les fils, peut-être contre une nation ; mais Ferdinand, une fois à Bayonne, séparé de ses garanties, lui-même manquant à son parti, seul contre le droit et la force, n'avait plus qu'à se soumettre, et avec lui toute l'Espagne, à ce qu'ordonnerait le souverain soutenu par la puissance de son allié.

Les conseillers de Ferdinand ont confessé dans leurs apologies n'avoir pas porté aussi loin leur prévoyance sur l'extrémité où les réduisait le voyage. Ils y voyaient seulement que Napoléon se trouverait le maître de fixer les conditions pour la reconnaissance du nouveau roi. Mais, ces conditions, ils croyaient les connaître dans les bases d'un nouveau traité proposé à Paris à M. Izquierdo ; on se rappelle que la dépêche de ce dernier leur était tombée entre les mains au moment de la révolution. C'était donc pour eux l'ultimatum des exigences qu'il leur faudrait subir. De plus, le mariage de Ferdinand avec une princesse française leur paraissait toujours un attrait irrésistible pour

Napoléon qui, pourtant, a plus d'une fois marqué sa compassion sur le triste sort des reines que la France a données à l'Espagne.

Ils ne furent désabusés que le 22 par la proposition formelle d'un traité, par lequel Ferdinand abandonnerait la couronne d'Espagne en échange du royaume d'Etrurie, pour lui et ses descendans. Si cette cession n'était pas signée avant l'arrivée du roi père à Bayonne, on s'arrangerait avec Charles IV qui, reprenant tous ses droits, en disposerait et prononcerait sur le sort de ceux qui les avaient violés. Tous furent confondus à cette alternative, ou de se dépouiller volontairement, ou d'être légalement déshérités. Après huit jours de délibérations et de colloques, la scène changea à l'approche du roi Charles, toute négociation cessa, et Ferdinand, au lieu de traiter de ses droits avec Napoléon, n'eut plus qu'à attendre la sentence du monarque détrôné par lui.

L'importance des personnages et de la situation, l'intérêt qui s'attache à ce grand drame, me portent à donner des détails qui ailleurs sembleraient minutieux. Le roi et la reine entrèrent à Bayonne le 30 avril à midi. Le prince de la Paix les attendait depuis deux jours à une maison de campagne voisine ; il joignit le cortége sur la route et suivit la voiture du roi. Cette première entrevue, depuis sa fatale séparation d'Aranjuez, fut très touchante. Lorsqu'on demanda à l'empereur comment on devait recevoir le roi, il répondit : *comme moi-même*. Et en effet rien n'y fut négligé.

Le prince des Asturies s'était porté au-devant de son père ; sans en avoir obtenu un regard, il se mit à sa suite jusqu'à la maison préparée pour leurs majestés. Là, les seigneurs de son parti baisèrent la main du roi qui se retira aussitôt après. Le prince attendait une audience, le roi lui fit dire de se retirer, que *l'empereur allait arriver*.

Le grand maréchal Duroc, qui avait reçu leurs majestés, attendit qu'elles eussent fait quelque toilette pour avertir Napoléon qui monta aussitôt à cheval. Au bruit de son approche, leurs majestés vinrent l'attendre sur le seuil de la maison. Le roi, à la première vue, lui dit avec émotion, en élevant ses mains goutteuses : « Ah! mon ami! » Napoléon, dès qu'il eut mis pied à terre, se jeta dans ses bras. « Ce n'est pas bien, leur dit-il, d'être descendus ; vous êtes fatigués, il fallait rester dans vos appartemens ! » Il l'embrassa sur les deux joues, et de même ensuite la reine. Alors Charles lui dit quelques mots à l'oreille et sa réponse fut : « Vous me trouverez toujours le même pour vous, votre meilleur ami. » Jamais l'empereur n'eut une expression plus gracieuse. Il passa la main sous le bras du roi, offrit l'autre à la reine et ils montèrent tous trois : « Vois, Louise, disait le roi, il me porte ! »

Napoléon resta une demi-heure avec leurs majestés et les laissa dans l'enchantement. Le soir même, elles dînèrent avec l'empereur et l'impératrice. Napoléon porta la courtoisie jusqu'à leur demander pourquoi *elles n'avaient pas amené le prince de la Paix,* qui toutefois n'était pas invité. L'impératrice avait envoyé à la reine son coiffeur, qui fit merveille.

L'entretien se prolongea, et Charles manda son fils, Napoléon présent, ainsi que la reine, en dehors les courtisans des trois souverains, l'œil et l'oreille appliqués aux portes et aux murs. Quelle scène !!! « Il me semblait, dit Napoléon qui la rapporta tout ému devant sa cour, être dans le palais du vieux Priam, gourmandant, appuyé sur son sceptre, un de ses fils coupable!» Le roi, toujours debout et sa longue canne en main, termina ses véhémentes apostrophes, en sommant Ferdinand de lui *restituer* sa couronne, par un écrit de sa main, en termes simples, sans conditions ni motifs. Il devait remettre cet acte le lendemain à six heures du matin, sous peine d'être puni comme traître et ceux qui l'accompagnaient traités comme émigrés. L'empereur déclara qu'il se verrait obligé d'appuyer cette résolution ou toute autre qu'il plairait à son allié d'adopter contre des rebelles. Charles repoussa toute explication de la part de son fils, qui se retira en silence, et fit la rétrocession exigée. Alors, le roi père abdiqua tant pour lui que pour ses héritiers, transportant tous ses droits à l'empereur et à la nouvelle dynastie qu'il voudrait choisir. Le traité, passé le 5 mai entre le grand maréchal Duroc et le prince de la Paix, fut ratifié par les deux souverains et signé par la reine. Les infans donnèrent à part leur renonciation, en adhérant à celle du roi par un acte du 10, entre le maréchal Duroc et don Juan Escoïquitz;

les princes le ratifièrent le 12, à leur passage à Bordeaux.

Ces conventions ont été publiées dans le *Moniteur*. J'aurai occasion de parler plus loin des fonds stipulés pour l'entretien de la famille royale. Une première rédaction les mettait à la charge du futur roi d'Espagne ; mais Charles IV, bien conseillé, ne voulut dépendre que de celui à qui il donnait tout. Napoléon y consentit, sauf à s'arranger lui-même avec l'Espagne ; un autre article qui est resté secret confirme les concessions du traité de Fontainebleau en faveur de la reine d'Etrurie et du prince de la Paix. Celui-ci en avait déjà fait l'abandon au jeune infant don François de Paule. Interrogé par Napoléon s'il ne voulait rien pour lui dans ce traité de Bayonne, il répondit « que ce serait autoriser les calomnies qui l'accusaient d'avoir vendu la monarchie ; que l'empereur ayant bien voulu lui garantir ses biens en Espagne, il se trouvait assez riche des bontés du roi, etc. » Déjà, avant la crise d'Aranjuez, son testament, déposé au conseil de Castille, abandonnait au roi son héritage, en suppliant sa majesté de prendre sous sa protection ses enfans et sa famille; sort commun de ces fortunes colossales de favoris, péniblement entassées et dangereuses à posséder, leur transmission aux héritiers est encore sous la loi du bon plaisir de qui on les tient.

L'Europe, moins l'Angleterre, reconnut le roi Joseph. L'Autriche y mit de l'hésitation. Le traité qui termina la guerre de la succession lui donnait l'Espagne en cas d'extinction de cette branche des Bourbons. Une gazette allemande publia un article dans ce sens. Il est vrai encore que le nom de l'archiduc Charles se mêlait aux mouvemens de l'Arragon et de la Catalogne. Enfin, l'ambassadeur autrichien hasarda là-dessus une insinuation diplomatique. La réponse de Napoléon, une des plus touchantes qu'il ait faites, amena promptement la reconnaissance en forme du nouveau roi de toutes les Espagnes et des Indes, et avec la longue série des titres attachés à cette couronne.

Je laisse à l'histoire les autres arrangemens pris à Bayonne, et les événemens subséquens dans la Péninsule pour suivre en France cette famille déchirée, et en donner quelques détails particuliers.

Le roi Ferdinand, ou prince des Asturies, arriva au château de Valançay le 18 mai, accompagné de son frère don Carlos, et de leur oncle don Antonio. Le prince Talleyrand leur en fit d'abord les honneurs; et le comte Darberg, chambellan de l'empereur, s'y établit auprès d'eux.

Le roi père, la reine, l'infant don François, le prince de la Paix, et sa fille, la petite duchesse d'Alendia, après quelque séjour à Fontainebleau, vinrent résider à Compiègne. La reine d'Etrurie voulait louer le château de Passy, près Paris, pour y vivre selon ses goûts et sa fortune; mais elle dut aller se réunir à son père (14 juin).

Le même jour, il fut insinué aux journalistes de ne plus rien dire sur cette famille.

L'empereur n'en a revu aucun depuis Bayonne. Il envoya, le 2 septembre, le maréchal Duroc visiter LL. MM. à Compiègne. Le roi qui y souffrait du froid, même l'été, témoigna le désir de passer l'hiver dans le midi. Le 9, la reine en fit la demande directe à l'empereur, le roi ne pouvant écrire. Le 14, réponse de Napoléon, pleine d'abandon et de confiance, avec toute latitude de se porter sur quelque point de la France que ce fût. Le 19, le départ eut lieu pour Aix. La réserve, et le froid accueil que cette cour crut y remarquer la décida bientôt pour Marseille.

La reine d'Étrurie ne quitta Compiègne que, le 4 avril de l'année suivante, résolue à ne pas vivre auprès de son père et de sa mère; elle avait demandé à se fixer au château de Colorno, dans le duché de Parme, ancienne résidence de sa famille. Mais, arrivée à Lyon, elle fut dirigée provisoirement à Menton, près de Nice. C'est là qu'elle eut l'imprudence d'adresser des Mémoires et des demandes au prince régent d'Angleterre. Ses deux émissaires, avec leurs instructions et la correspondance en chiffres furent arrêtés à leur retour et condamnés. L'un reçut sa grâce sur le lieu même de l'exécution. La reine, conduite à Rome avec sa maison, fut mise dans un couvent dont une princesse de Parme, sa parente, était supérieure, tandis que son banquier à Paris, M. Buzoni, menait son jeune fils à Marseille, près de Charles IV.

Le prince Ferdinand, mieux dans sa situation, demeura résigné, passif, inaccessible à toute ouverture, comme on a pu s'en assurer lors de la mission du baron de Kolli pour l'enlever. Plus tard, la perfidie d'un officier de sa maison faillit le compromettre en l'accusant de connivence avec les insurgés d'Espagne. Il osa déposer en preuve un blanc seing du prince, muni en effet de son sceau royal, dans la forme d'un pouvoir illimité pour ses cortès. Le gouvernement méprisa cette manœuvre aussi odieuse que maladroite, et débarrassa Valançay d'un pareil serviteur.

Je ne puis dire quel objet de travail, d'étude, ou même de lecture occupait les loisirs des princes, divers articles d'amusement leur venaient de Paris, don Carlos se distinguait par sa dévotion, passant de longues heures en prières, au point d'en avoir les genoux contrefaits par des tumeurs.

La vie de la famille à Compiègne, comme à Marseille, était aussi simple, et un peu plus uniforme. Après le dîner, partie de billard, où le roi excellait, malgré son rhumatisme au bras. Ensuite la *siesta*, et deux heures de promenade en calèche, sans autre distraction au dehors. Réunion le soir chez la reine, partie d'ombre, ou conversations. Peu de souvenirs de l'Espagne, point de regrets sur l'ancienne grandeur, mais beaucoup sur les résistances que l'empereur y éprouvait. Concert trois fois la semaine, orchestre d'artistes distingués; le roi y jouait du violon, c'était sa passion. Don Manuel Godoï, encore plus puissant sur l'esprit du roi, qui l'appelait son *manoëlito*, que sur celui de la reine, maintenait tout en tranquillité. Il écartait avec soin les journaux. On lut pourtant *la Constitution des cortès*, où la reine observa que *les reines étaient mieux traitées qu'elle-même, qui n'avait eu pour ses épingles que dix mille fr. par mois sur les postes.*

Don Ferdinand écrivait souvent à son père, qui ne lui a jamais répondu, et même en 1814. Quand M. de la Foret vint traiter de son retour en Espagne, les amis de Charles IV, qui avaient engagé Ferdinand à en instruire son père, ne purent obtenir de réponse, ni vaincre l'aversion de la reine. Elle s'opposait aussi à ce que le roi complimentât Napoléon de son mariage avec Marie-Louise, sur le motif que l'archi-duchesse étant leur parente, on devait leur en faire part. Mais le prince de la Paix, qui craignait d'être compromis par ce refus, obtint de LL. MM. cette démarche.

Après trois ans de séjour à Marseille, il fut question du départ du roi pour Rome (septembre 1811); j'ignore quels furent les motifs de Napoléon, quoiqu'on puisse les pressentir, mais je sais que l'insinuation en vint de son côté, par le ministère des affaires étrangères. Le roi s'y prêta très volontiers. Les derniers ordres n'étant venus que le 26 octobre, la saison trop avancée et une indisposition de la reine firent remettre le voyage au printemps. Tous les honneurs dus à un souverain, rendus à Charles sur terre et sur mer... Avance de 500,000 francs... Tous les transports aux frais de la direction des Postes... etc. Napoléon, qui évaluait cet article à 40,000 fr., instruit par M. de la Valette qu'il passait 120,000 fr., voulut qu'il fût au compte du roi; tout se trouva suspendu par cette nouvelle détermination qui semblait définitive. L'empereur allait partir pour Dresde (1812), presque tous les souverains de l'Europe s'y réuniraient. Devant une telle solennité, marchander les frais de voyage d'un roi!... il revint subitement à sa première pensée, plus généreuse et plus politique, et le roi prit la route de Rome.

La villa Borghèse qui lui était donnée, ne lui convint pas pour habitation étant un lieu de promenade publique; en cherchant une autre maison il prit l'occasion de visiter, près Frescati, le roi de Sardaigne, Charles-Emmanuel, qui avait abdiqué en 1802. L'ex-roi d'Etrurie, âgé de treize ans, était là avec son aïeul Charles IV. Réunion singulière de trois rois sans états dans la capitale d'un pape retenu en France! Charles-Emmanuel, en habit noir le plus simple, tout son alentour vêtu de même, donnaient moins l'idée d'une cour ou même d'un couvent que d'un bureau de justice subalterne. Il n'avait aucune décoration; le ruban bleu de sa boutonnière soutenait le portrait de la feue reine, madame Clotilde, sœur de Louis XVI, il recevait de la France un subside de cent louis par mois, qui fut élevé alors à 10,000 fr., sur la demande du général Miolis.

Les fonds d'entretien pour la maison d'Espagne, avaient subi au contraire des réductions successives (de 9,700,000 fr., à 2,400,000 fr.(1)

(1) Par le traité de Bayonne, le roi avait par an

Mais les mêmes chances fâcheuses qui restreignaient ainsi leurs ressources les ramenaient au trône par des voies insensibles, tout comme la fortune, en se jouant, fit que Ferdinand fut plus fort à Valançay, et par ses six ans d'inaction, que s'il eût été en personne à la tête de ses peuples.

7,500,000 fr., le prince Ferdinand, 600,000 francs, la reine d'Étrurie, et les trois infans majeurs, chacun 400,000 fr. Le roi toucha les deux premiers mois selon la convention, cinq mois après (décembre 1808), un à-compte de 400,000 fr.; en avril 1809, au retour de Napoléon d'Espagne, 300,000 fr., après la bataille d'Essling, juillet 1809, 300,000 fr.

Le 1er janvier 1810, la subvention fut réglée au budget à 200,000 fr. par mois, payés exactement.

Au budget de 1811, fixation nouvelle à 150,000 fr. par mois, mais qui n'a plus souffert ni variations, ni retards.

A la même époque, le traitement des infans fut supprimé; les 600,000 fr. de Ferdinand, pourvurent aussi à l'entretien de don Carlos et de don Antonio, et le roi Charles eut à sa charge les deux jeunes enfans.

Outre ces subsides, le traité stipulait 2,000,000 fr. de douaire à la reine, pour le roi la jouissance d'un palais impérial à son choix, et le château de Chambord, *en toute propriété*.

En effet, dans les extrémités de 1814, Napoléon, excédé de l'Espagne, et ne possédant plus rien d'elle, que ses trois rois, Charles, Ferdinand et Joseph, résolut enfin de lui rendre, celui qu'elle voulait. L'on n'avait guère à compter sur la gratitude de Ferdinand, mais on lui

---

Bizarres destinations de ce Chambord ! donné ici *pour Mémoire*, à un ex-roi d'Espagne qui n'en a jamais joui ni lui, ni les siens.

Octroyé en 1797, par brevet du prétendant (Louis XVIII), avec titre de duc, et 200,000 fr., de rentes à Pichegru pour prix de sa trahison, ceci sous les auspices de Fauche-Borel.

Transféré, par le même entremetteur, et sous la sanction de Paul Ier, au directeur Barras, en 1799, pour appât d'une défection qu'où en espérait.

Offert par la commission de constitution, après le 18 brumaire, au premier consul, Napoléon, qui le refusa, n'ayant pas du tout le goût des terres ni de l'argent.

Conféré par décret impérial au prince Berthier, en 1810, en récompense de ses hauts services.

Enfin, en 1820, ce domaine, donné de toutes mains sans pouvoir se fixer dans aucune, fut vendu par les héritiers du prince à la commission de souscription publique pour le duc de Bordeaux, destination que les événemens de juillet 1830, viennent encore de changer.

fit valoir l'intérêt de notre alliance contre les dangers de ses libérateurs, les Anglais, d'une part, et de l'autre le jacobinisme espagnol. Un traité fut donc signé, avec la réserve que comportaient la situation précaire du prince et son ignorance de l'état des choses.

On lui livra à l'instant tous les ôtages civils et les masses de prisonniers de guerre. Une élite de généraux nobles et plébéiens, chefs d'armées ou de guérillas, passèrent des tours de Vincennes à Valançay, les *Blake*, les *O'donnel*, les *Palafox*, mêlés avec les *Mina*, les *Abad*, etc... Cour bien nouvelle pour Ferdinand! Lui-même fut reconduit à la frontière, où le maréchal Suchet remit aux généraux de l'armée ennemie leur souverain, après six ans de captivité. J'ai ouï dire que ceux-ci, dans la première ferveur, lui firent bon marché des constitutions nouvelles du pays. Le repentir, l'exil, l'échafaud, furent leur récompense! Wellington se déclara aussi contre ces mêmes constitutions, auxquelles il devait toute sa force et sa gloire. Vainqueur étranger, suivi des supplices, là comme en France! et comme Nelson à Naples. Les cortès, dans des dispositions bien différentes, tinrent au roi nouveau venu un langage haut et sévère, qui leur coûta cher. Leur autorité et leurs institutions reconnues et applaudies par tant de monarques, furent bientôt renversées, comme on démolit à la paix, ces ouvrages et machines de guerre, dont on disperse jusqu'aux matériaux.

IÉNA, ERFURTH.

PRESSENTIMENS.

Bonaparte. — Il sent en lui l'*infini*. — Une assertion du manuscrit de Sainte-Hélène. — Un mot de l'empereur. — La monarchie prussienne et celle de Napoléon. — Le sort de l'une par le sort de l'autre. — La catastrophe de la Prusse. — Napoléon s'en préoccupe. — Une épigramme de Talleyrand. — Point de bonne armée, si elle n'est nationale. — L'empereur et l'Ecole Polytechnique. — M. de Vaublanc. — Institutions civiles en Prusse. — Importantes réformes dans cet état. — Le baron de Stein. — Conjurations et sociétés secrètes. — Frédéric-Guillaume, révolutionnaire. — Manifeste de la croisade allemande.

Dans le *manuscrit de Sainte-Hélène,* on fait dire à Napoléon que « depuis la bataille d'Iéna il n'a plus senti en lui cette même assurance, cette force de confiance imperturbable dont il avait toujours été animé jusqu'alors. »

En effet, l'intime conscience de ses moyens allait jusqu'à lui faire dire un jour à ses familiers : « Je sens en moi *l'infini!* » C'était aux premières années de son consulat, et l'entretien roulait sur de vastes projets.

Mais comment ce ressort si puissant des grandes âmes et des hautes entreprises se serait-il affaibli en lui, précisément à l'époque d'un succès signalé, qui devait exalter ses espérances et l'idée de sa fortune? C'est ce qui a semblé une disparate à tous ceux qui ont remarqué ce passage. Pour moi, je l'ai trouvé d'une profonde vérité, soit que l'auteur ait connu le fait par quelque tradition, soit qu'il ait puisé l'idée dans ses propres aperçus qui sont souvent si heureux. Les particularités suivantes lui serviront de commentaire.

Il est certain que Napoléon, en voyant fuir à Iéna les restes des colonnes prussiennes, dit à ceux qui l'entouraient : « Voilà une monarchie dans un bel état !... » Puis, menaçant du doigt cette troupe en déroute : « Va, je te mettrai hors d'état de te mêler jamais de mes affaires. »

Le jugement porté par lui au premier coup d'œil sur le champ de bataille, fut pleinement confirmé par ce qui a suivi, puisqu'il n'eut plus qu'à marcher pour s'emparer des places fortes,

de différens corps d'armée, de la capitale.....
Tel était donc le sort d'une monarchie fondée
par un génie supérieur, cimentée par des conquêtes et par la gloire des armes, et que le
grand Frédéric, après un règne long et illustre,
laissa appuyée sur une armée réputée la meilleure de l'Europe. Tout s'écroule en une seule
bataille, vingt ans après la mort de ce roi guerrier et législateur.

On sent assez quel retour Napoléon put faire
sur lui-même et sur ses propres institutions !
De quels sombres nuages le sort de sa famille
et de son empire se couvrit à ses yeux ! Sa visite
au tombeau de Frédéric semble d'accord avec
ses pensées, et peut-être la maison de Brandebourg a dû aux inspirations de ce lieu funèbre
d'avoir conservé l'héritage d'un grand homme.
Si ce fut une offrande faite alors par un vainqueur généreux à la mauvaise fortune future,
le monde a vu, huit ans après, quel prix en a
reçu Napoléon de ceux-là mêmes qui en avaient
profité !

A l'appui de ces considérations, je rapporterai un fait qui prouve combien l'esprit de Napoléon est resté préoccupé et de la catastrophe de la Prusse et de l'application qu'il s'en faisait à lui-même et à la France.

Le 23 septembre 1808, deux ans après la journée d'Iéna, il passa à Metz se rendant à Erfurth. Les élèves d'artillerie et du génie dans cette ville avaient eu plusieurs fois des scènes au spectacle et des rixes avec les habitans. Les chefs de l'école, au lieu de réprimer la conduite de ces jeunes gens, parlaient de ces tumultes assez légèrement (1). Déjà un article sévère avait paru à ce sujet dans le *Moniteur*. Napoléon ne manqua pas de s'en expliquer à Metz avec force devant toutes les autorités réunies. Il s'étendit sur les rapports du civil et du militaire; sur ce qu'est une armée, ce que sont les citoyens dans un état bien ordonné. « Le militaire prussien, ajouta-t-il, insultait et maltraitait les bourgeois et le peuple, qui se sont réjouis de sa défaite. Cette armée, une fois défoncée, a disparu et rien ne

---

(1) On se rappelle la dénomination de *pékins*. Un général, consulté par une dame sur le sens de ce mot, répondit : « Nous appelons pékins tout ce qui n'est pas militaire. » « Oui, reprit M. de Talleyrand, comme on appelle militaire tout ce qui n'est pas civil. »

l'a remplacée, parce qu'elle n'avait pas la nation derrière elle. L'armée française n'est si bonne que parce qu'elle est nationale. »

J'ai extrait dans le temps ces détails d'une dépêche de M. Vaublanc, alors préfet à Metz. Quels sens profond y attachent les événemens postérieurs? En effet, les peuples prussiens se sont montrés depuis à la place de leur armée, et la monarchie a été relevée. L'armée française lancée dans une suite de guerres et de conquêtes, où manquait l'assentiment national, ne trouva plus, à la fin, le peuple derrière elle. Tous les efforts héroïques et le génie de son chef furent impuissans.

Napoléon voyait donc les inconvéniens du système militaire poussé trop loin. Mais la leçon d'Iéna, si bien sentie par le vainqueur, ne devait profiter qu'au vaincu! Frédéric-Guillaume vint, peu d'années après, décréter à Paris l'exil de Napoléon. Comme si le bon génie qui avait inspiré l'oracle prononcé à Metz eût passé dans les conseils prussiens.

En effet, c'est aux sources nationales que ce souverain, depuis sa déroute, a puisé tant de forces; phénomène d'esprit public, dont la

France a vu les résultats plus qu'elle n'en a connu les élémens. Les améliorations que je vais indiquer datent toutes de 1807 à 1812.

1° Dès 1807, universités fondées à Berlin et à Breslaw. — Même année, suppression des juridictions héréditaires, avec indemnité aux seigneurs. — Plus de distinction de terres nobles; chacun put les acquérir et en jouir librement. — 1808, punitions corporelles abolies dans l'armée. — Tout soldat, né paysan, rendu apte à devenir officier; et en 1809, les grades supérieurs lui sont ouverts.

2° La noblesse, soumise à l'impôt foncier, les immunités aristocratiques en ce genre supprimées. — Dissolution des chapitres nobles protestans et des couvens catholiques; leurs biens appliqués à des services publics.

3° 1810 et 1811, émancipation des paysans; abolition de la glèbe. — Près de six cents municipalités élues par tous les habitans sans distinction, pour régir les intérêts locaux des villes. — Suppression des entraves à leur commerce et à leur industrie. — Liberté de tous les métiers rendue aux villages, bornés auparavant à des charpentiers et des forgerons, à un nombre de tailleurs très limité, et point de cordonniers, etc... Tout cela opéré sans choc ni opposition !

Le ministre, baron de Stein, homme d'état, fut l'âme de ce plan, si digne d'éloges, si on n'y eût pas mêlé des conjurations et les fureurs des sociétés secrètes. C'est par-là que la trame nous fut dévoilée. Napoléon exigea le renvoi du ministre; le système continua sous son successeur, mais avec plus de mesure. Ainsi le peuple prit rang dans l'état; l'indépendance nationale devint son intérêt propre, lié avec celui de la couronne; et en 1812, une irritation d'honneur personnel et de patriotisme, dirigée par les classes supérieures, arma tous les bras, après nos malheurs de Russie.

Certes, Frédéric-Guillaume, héritier d'un despotisme militaire enté sur des institutions gothiques, avait beaucoup à octroyer à son peuple. Napoléon, au contraire, l'élu d'une souveraineté nationale, siégeait sur des bouleversemens. Tout le bien qu'il devait faire consistait plus en restrictions qu'en concessions. C'était un volcan à refermer là où Frédéric-Guillaume n'eut qu'à ouvrir une mine enfouie. Il arriva que le roi humilié rehaussa son trône, en se faisant révolutionnaire, selon l'expression de Napoléon ; tandis que Napoléon, qui, par la révolution et la victoire, avait acquis et donné des couronnes, les a toutes perdues.

Un autre contraste non moins remarquable, c'est que l'élan populaire de la Prusse, déjà imité d'Espagne, étant devenu un signal pour d'autres pays, les souverains prodiguèrent hautement de la liberté en promesses et en espérances. L'Allemagne, l'Italie, la Suisse se levèrent à l'appel.

Voici un des manifestes de leur croisade.

« Saxons ! Allemands ! à partir de 1812, nos arbres généalogiques ne comptent plus pour rien. La régénération de l'Allemagne peut seule produire de nouvelles familles nobles. Entre nous, il n'y a d'autres distinctions que celles du talent et de l'ardeur avec laquelle on défend la cause sacrée ! Liberté ou la mort ! Tel est le cri des soldats de Frédéric-Guillaume ! »

Extrait de la nouvelle *Revue germanique*, n° 24, pag. 349.

Rois et peuples, dans une commune déception, se mirent à briser l'empereur, véritable sûreté des trônes, et du même temps, notre indépendance, gage de l'affranchissement européen.

Napoléon a opposé à cette guerre de populations sa personne et le reste de ses guerriers, plutôt que de déchaîner la révolution, et de rompre lui-même l'ordre social qu'il avait rétabli. Haute et généreuse prévoyance à laquelle d'augustes regrets, et l'estime universelle rendent hommage aujourd'hui !

« Vadit adhuc ingens populis comitantibus exul. »
LUCAIN, liv. 2, vers 730.

TENTATIVE D'ASSASSINAT

CONTRE NAPOLÉON A SCHOENBRUNN,

PAR FRÉDÉRIC STAAPS (1809).

Revue à Schœnbrunn. — Staaps. — Berthier et le général Rapp.—C'est mon secret.—Le duc de Rovigo. — Incrédulité de Napoléon au sujet des attentats contre sa personne.—Bertholet et le moyen pour ne pas craindre les empoisonneurs. — Staaps fait des aveux. — Motifs de son exaspération. —Le grand-maréchal du palais.—Staaps jugé fou par l'empereur. —Staaps amené devant lui.—Curieux interrogatoire. — Histoire du jeune fanatique.—Son père et sa mère.—Son amie. —Puissance d'une idée fixe. — Apparition et serment à dieu. —Jeanne-d'Arc et le jeune Allemand.

LE jeudi 12 octobre 1809, l'empereur passait la revue à Shœnbrunn, près de Vienne. Un jeune homme, vêtu à peu près comme le sont les employés d'administration à l'armée, cherche à approcher de sa personne, en se portant en hâte du côté où il l'aperçoit. Le prince Berthier, qui voit son mouvement, lui demande où il va ?

« Je veux parler à l'empereur. » « On ne parle pas comme cela à l'empereur, reprend le prince, » et il le fait écarter par le général *Rapp*.

Peu d'instans après, le même homme, par un détour derrière la ligne des grenadiers, cherchait de nouveau à gagner la tête de la colonne. Il fut encore aperçu par le général Rapp qui, choqué de son obstination, le repoussa; et comme il parut persister, des gendarmes d'élite eurent ordre d'emmener cet importun. En le conduisant à leur poste, dans une des cours du palais, l'un d'eux sentit quelque chose de résistant sous le côté gauche de sa redingote, et trouva que c'était un couteau de cuisine long de quinze pouces. La lame fraîchement affilée, à deux tranchans, était envelopée d'un gros papier gris, formant comme une gaîne au moyen de plusieurs tours de gros fil; la pointe allait se perdre dans la ceinture du pantalon.

À la question qu'on lui fit pourquoi il portait cette arme, il répondit brusquement : « C'est « mon secret ! » M. le duc de Rovigo, averti par ses gendarmes, arriva promptement; et le jeune homme lui déclara sans détours et de sang-froid, qu'en effet il avait formé le projet d'attenter aux jours de l'empereur, et qu'il était venu à la parade avec la résolution de le frapper de son couteau, s'il avait pu le joindre.

Cet individu se nommait Frédéric Staaps, fils d'un ministre luthérien de Naümbourg en Saxe, âgé de dix-huit ans et neuf mois. Sur-le-champ, pour s'assurer de tous ses mouvemens, on l'attacha bras à bras à un gendarme, et le duc alla informer l'empereur de l'étrange découverte qui venait d'être faite.

Napoléon avait, ou du moins montrait beaucoup de sécurité et surtout d'incrédulité sur les attentats qui pouvaient être prémédités contre sa personne. Même, peu de jours avant, il s'entretenait sur ce sujet avec M. de Rovigo et le maréchal Duroc. C'était pendant l'armistice où l'on traitait de la paix. — « Le prince Lichtenstein a dit ces jours-ci, à *Champagny*, dans une de leurs conférences, qu'on leur proposait de se défaire de moi, qu'il y avait des têtes montées sur ce projet. Ils disent que le cabinet autrichien a repoussé avec horreur de tels moyens. On met, sans doute, cela en avant pour nous rendre plus coulans sur les conditions. Car quel homme oserait tenter un coup sur moi? » Le duc de Rovigo, avec son franc parler ordinaire, prétendit, au contraire, que si l'empereur échappait aux hasards des combats, la chance la plus probable contre sa vie était dans la main de quelque Séide. « Vous êtes fou, reprit l'empereur; personne ne veut mourir, et ici il faut y être bien résigné. » « Oui, mais il ne faut que cela, répliqua le duc. » Il fut ensuite question des moyens de poison; et Napoléon parut croire que c'étaient les seuls qui pussent être tentés (1), parce qu'ils laissent au coupable, avec l'espoir de l'impunité, celui de jouir des fruits de son crime. Duroc se rangea à cet avis; le duc de Rovigo persista dans son opinion. C'est de lui-même que je tiens ces détails.

L'empereur, instruit des aveux de Staaps, mais n'en tenant pas moins à sa première idée, le fit amener en sa présence. « Vous allez voir,

---

(1) Cette idée datait de loin, car Bertholet lui avait donné jadis pour règle fixe de précaution que nul poison n'ayant d'action par les voies extérieures, il lui suffisait au moindre goût âpre ou insolite d'une boisson, de la rejeter à l'instant, ou de vomir s'il en avait avalé.

disait-il, que c'est un malheureux atteint de folie ou d'imbécillité. » Il l'interrogea devant tous les assistans, avec beaucoup de douceur, et comme touché de compassion. Le jeune Allemand lui déclara, sans hésiter et sans le moindre signe d'émotion, la ferme résolution qu'il avait prise de le frapper à mort.

Napoléon. « Quels motifs vous portaient à cet acte ? »

Staaps. « C'est pour procurer la paix à l'Allemagne. »

Napoléon. « Je ne fais la guerre qu'à l'Autriche; et c'est-elle qui est venue m'attaquer. »

Staaps. « L'Allemagne est toute en armes et en réquisitions... La voix de Dieu m'a dit que la mort d'un seul homme pacifierait tout. »

Napoléon. « Est-ce que Dieu peut ordonner un crime ? »

Staaps. « C'était un sacrifice nécessaire. »

Le docteur Corvisart touchait le pouls du jeune homme; il n'y trouva qu'un peu d'agitation; mais nul indice d'un état maladif ou d'un dérangement sensible.

L'instruction du procès et les recherches ultérieures du ministère de la police ont procuré les résultats que je vais exposer.

Staaps partit d'Erfurth où il était en apprentissage chez un fabricant de nankins, le 12 septembre, avec une voiture et un cheval qu'il emprunta d'un ami de son père. Il n'avait jamais laissé rien transpirer de sa préoccupation à ses connaissances dans cette ville; seulement on trouva, après son départ, un billet de lui qui donnait à entendre qu'il allait s'enrôler dans l'armée allemande; il finissait par ces mots : « On me trouvera parmi les vainqueurs, ou mort sur le champ de bataille ! »

A quelque distance d'Erfurth, il vendit le cheval et la voiture, ce qui lui procura l'argent nécessaire pour achever son voyage jusqu'à Vienne; il s'y logea dans un faubourg. Dès le lendemain il acheta un couteau pour dix-huit sous, il l'aiguisa des deux côtés sur un pavé; puis, sans communiquer avec personne, sans autres soins que d'assister plusieurs jours aux revues, il s'y porta enfin comme il est dit plus haut. Il est probable que s'il eût pris quelques précautions, capote de soldat, bras en écharpe, on l'eût laissé approcher de l'empereur; et il a dit lui-même à ses juges, qu'une fois à portée, il aurait frappé des coups bien assurés.

Pendant les quatre jours de procédure, son caractère de douceur, de résignation, de fermeté tranquille ne se démentit pas un instant. Il persista dans ses aveux et dans les motifs qui lui avaient inspiré sa résolution. Seulement il parut être touché de certains traits, par lesquels, en discutant avec lui ses préventions contre Napoléon, on le lui présentait tout autre qu'il ne se l'était figuré; et il dit avec bonne foi : « Peut-être, si j'avais connu cela, n'aurais-je pas pris avec Dieu un engagement irrévocable. » Il répondit au président de la commission militaire, qui lui demandait s'il ne savait pas la peine réservée aux régicides : « Je sais que je subirai des tortures, et je m'y suis résigné d'avance; mais la mort y mettra un terme et me procurera, au sein de Dieu, une récompense proportionnée à mon sacrifice. » Le président lui dit que les tortures envers les criminels n'étaient ni dans la législation ni dans les mœurs des Français. Il sembla apprendre avec une vive satisfaction que la plus grande rigueur qu'il eût à redouter était d'être passé par les armes.

Staaps avait un bel œil, et une expression très intéressante dans toute sa physionomie. Le commissaire qui a suivi l'affaire m'a dit que plus d'une fois, en l'interrogeant, il s'était levé de son bureau pour embrasser cette figure, où respiraient le courage, la candeur et l'amabilité; enfin, le même commissaire m'a assuré que le lundi 16 octobre, jour de son supplice et qui fut aussi celui où la paix se proclama à l'armée, Staaps, entendant le canon, lui demanda pourquoi l'on tirait. Sur la réponse : *c'est pour la paix qui vient d'être signée,* il dit, en levant les yeux et les mains au ciel : « O mon Dieu, que je te remercie ! voilà donc la paix faite, et je ne suis pas un assassin ! » Deux heures après il n'existait plus. J'ai souvent regretté que cette cause ait été traitée au milieu des camps, et sans doute perdue de vue par l'empereur parmi les soins d'une grande négociation et de son départ immédiat pour Paris. J'ose l'affirmer ce malheureux illuminé n'aurait point péri.

L'on peut regarder comme certain qu'il ne

fut l'instrument de personne, il n'eut ni associé ni confident. Son père et sa mère devinèrent seuls le secret de son exaspération, et entrevoyaient l'acte fanatique, où elle l'entraînait. Ils essayèrent de loin et trop faiblement peut-être, de l'en détourner. Voici des lumières positives trouvées sur ce sujet dans des lettres conservées par le père, et qu'il a remises de bonne foi à l'intendant français, à la principauté d'Erfurth (M. de Vismes.)

Staaps écrivait à son père, sans date : « Encore cette nuit-ci Dieu m'a apparu... C'était une figure semblable à la lune... La voix m'a dit : *Marche en avant, tu réussiras dans ton entreprise, mais tu y périras.* — Je me sens entraîné par une force colossale et invincible, etc., etc. Il parle ensuite de la récompense qui l'attend dans le séjour de la félicité, *où je serai réuni*, dit-il, *à l'amie que mon cœur chérit.* » Ceci doit sans doute se rapporter à quelque être fantastique, car on ne lui a point connu d'inclination ou de préférence pour aucune femme. Cependant j'ai lu quelque part qu'on trouva sur lui un portrait quand on l'arrêta; je l'ignore et ne le crois point.

Le père répondait à son fils : « Reviens auprès de nous. Ton esprit est malade... je pénètre le fond de ton âme et le trouble de tes idées... j'appliquerai le baume sur tes plaies. Reviens, trop cher et malheureux enfant. Ne réserve pas une telle affliction aux vieux jours de ton père et de ta mère. »

La mère le pressait aussi de revenir, en style très mystique, dont le sens se decouvre aisément : Dieu n'a pas voulu qu'Abraham consommât son sacrifice jusqu'au bout. Il s'est contenté de sa soumission et de sa bonne volonté. Ta résolution suffira aussi à Dieu. Puisse-t-il te dispenser d'aller plus loin ! »

Mais ces exhortations par lettres étaient impuissantes. Car Staaps explique lui-même à la fin de sa lettre déjà citée : « Qu'il a fait à Dieu le serment formel, *sous peine de sa damnation, de faire cette action.* » Il n'en parle jamais en termes plus précis. Il conclut même avec une certaine nuance de regret que : « Après un tel serment, il n'est plus en son pouvoir de s'arrêter. »

Il serait à désirer, pour l'histoire du cœur humain, qu'on eût pu obtenir de lui-même des détails sur le principe et les développemens de cette triste manie. Ses camarades, ses maîtres, ne l'ont jamais considéré que comme un enfant simple et doux, très ordinaire d'ailleurs; et ils furent très surpris de son aventure de Schœnbrunn. On s'est assuré qu'il ne se livrait point à des lectures particulières. Le seul livre que ses amis lui aient remarqué est le roman de Wieland *Obéron*, dans le genre de notre *Huon de Bordeaux*, où le merveilleux et le grotesque se mêlent à un héroïsme bizarre et boursoufflé.

On est donc borné à juger que Frédéric Staaps, de même que notre *Jeanne-d'Arc*, aura reçu une vive impression des événemens et des idées qui agitaient alors l'Allemagne. La Saxe et surtout la Prusse, travaillées du venin des sociétés secrètes, étaient très animées contre Napoléon. Ces ressentimens exaltés dans une jeune tête y portèrent une véritable maladie qui prit une direction fixe en se trempant de cette mysticité (1). Si cela a tourné à un assassinat, tandis que *Jeanne-d'Arc*, avec les mêmes émotions patriotiques et religieuses, mais accueillie

(1) Toutes les lettres de la famille Staaps en sont empreintes.

par un monarque et agréée de ses généraux, a fait bonne guerre, c'est que toute la force française était comme personnifiée en Napoléon.

Quoi qu'il en soit, cet attentat, dont le succès eût affecté tant d'existences et de si hauts intérêts, est d'une simplicité effrayante! Un apprenti-ouvrier, un enfant sans complices, sans autre impulsion que l'opinion populaire, un couteau de dix-huit sous, acheté la veille, aiguisé sur un pavé, c'est à si peu de frais que dès lors le monde eût changé de face! Prodigieux effet d'une seule pensée, qui, venant saisir toute entière une âme simple et faible, y suscite pour un temps et pour un acte déterminés des facultés extraordinaires.

Jeanne-d'Arc, qui entendait aussi des voix divines en accomplissant son grand œuvre, *ne savait*, disent nos chroniques, *que son Pater et son Ave*. Peut-être même a-t-elle continué mal à propos de guerroyer au-delà du terme et des moyens fixés pour cette mystérieuse mission.

ENLÈVEMENT

DE M. BATHURST, EN ALLEMAGNE.

(25 novembre 1809.)

Disparition de M. Bathurst, ambassadeur à Vienne.—L'évêque de Norwich. — Lord Castelreagh et Napoléon. — Miss Bathurst perdue dans le Tibre.—Rome en deuil.—Profond mystère. — Recherches infructueuses. — Insinuations contre la France. — La Russie et la Prusse soupçonnées à juste titre.— La paix de Wagram. — Indices trompeurs. — Destruction de papiers. — Krauss interrogé derrière un mur.—Deux agens, MM. Johnson et Arinstrong, sont envoyés sur les lieux. — Arrestation et interrogatoire du braconnier. — M. Bathurst, enfermé dans une forteresse en Russie. — Madame Bathurst. —MM. de Champagny et de Rovigo.—Epouvantable assassinat.— M. Saint-Huberti et le comte d'Entraigues.—Papiers saisis.—L'évidence est que ce fut un coup de main politique. — Singuliers ménagemens de la part de l'Angleterre, par égard pour de hauts personnages.—Quiproquo.—Le courrier Wagslaff, on lui prend ses dépêches. Je les ai entre les mains, 1815.—Lettre du roi de Suède.—Accusation contre le duc de Rovigo.—Justification.—The pamphleteer. — Les officiers du Bellerophon. — Infractions au droit des gens. — Meurtre du consul Boneville et du général Duphot, à Rome. —Détention de M. de Lafayette. — Légation de MM. de Sémonville et Moret. — Extradition du duc d'Enghien. — Sir G. Rumbold au Temple.—L'Irlandais Nappas.—Tandy. —Il est condamné à mort.—Disparition de sir G. Rumbold. Mariage de sa veuve avec sir Sidney-Smith. — La loi anglaise.

Voici une mort, ou du moins une disparition soudaine et totale d'un diplomate anglais, fils de l'évêque de Norwich, et parent de ce comte Bathurst, qui depuis, comme ministre des colonies, instrument de l'implacable Castelreagh, disposa du sort de Napoléon à Sainte-Hélène. Les deux branches du même nom sont dans une ligne politique opposée; l'évêque, vénéré par ses vertus et ses idées généreuses, est un des deux seuls évêques qui aient voté la réforme (1831). Plus d'un malheur a affligé sa maison, pour ne citer que le plus récent, la belle et intéressante miss Bathurst, perdue dans le Tibre (1828), et dont la mort fut un deuil pour Rome, est fille de celui qui fait l'objet de cet article.

Un profond mystère, que j'essaierai de pénétrer, couvre encore la destinée de son père, après vingt-deux ans, malgré tous les soins d'une famille si puissante, aidée des sollicitudes du gouvernement britannique, et même de la police impériale. Je me suis en effet occupé de recherches sur M. Bathurst, même avant la demande de sa veuve, dont je parlerai plus bas, et surtout à cause de certaines insinuations accusatrices qu'on ne manqua pas d'élever, selon l'usage, contre la France, à ce sujet. Mais je dois dire d'avance que ces soupçons ne sont point restés ; ils ont, au contraire, et je ne sais pourquoi, tourné sur la Prusse et sur la Russie. Entend-on que ces cabinets auraient eu sur la paix de Wagram certains ombrages qu'ils croyaient éclaircir en saisissant la personne et les papiers du ministre anglais ?... Loin de moi toute conjecture hasardée, quoique jamais on ne nous les ait épargnées.

Je me borne donc à poser toutes les données de ce problème historique, qui n'est pas sans intérêt.

M. Benjamin Bathurst, âgé de vingt-cinq ans, ambassadeur à Vienne, lors de la campagne de 1809, en partit à la paix, avec un passeport sous le nom allemand de *baron de Kock*. Il se dirigeait vers la Baltique, pour regagner l'Angleterre, dans la voiture de poste du nommé Krauss, Allemand, mais courrier du cabinet anglais. Arrivé à Perleberg, frontière du Mecklembourg, le 25 novembre, il y passa environ trois heures. Après avoir dîné à la poste, hors de la ville, il se rendit à pied chez le gouverneur, s'informa avec beaucoup d'inquiétude de l'état du pays ; des quartiers ennemis ou suspects qui s'y trouvaient, des moyens pour les éviter, au prix même de 1,000 guinées, qu'il portait sur lui.

De retour à la poste, il brûla des papiers, toujours dans un état d'agitation. Tout étant prêt pour le départ, les chevaux attelés, le marchepied baissé, Krauss, déjà en voiture, M. Bathurst se porta un peu à l'écart, derrière un mur... Jamais on ne le revit depuis. Du reste, nul bruit, nulles traces ni indices aux alentours.

Seulement, au bout de quinze jours, son pantalon fut trouvé à quelque distance, au bord de la grande route, sur un petit tertre de sable, comme si on l'y eût déposé après coup, car il y avait dans la poche une lettre commencée pour son épouse. Or, le papier ni l'encre n'en étaient altérés comme ils auraient dû l'être par les pluies continuelles des quinze derniers jours. Ceci détruit aussi l'idée que, dans un excès de trouble mental, il se fût précipité dans le lac de Perleberg, quoiqu'il semble que ce vêtement eût été mis là exprès pour le faire croire. Dans tous les cas, comment ne l'a-t-on pas découvert plus tôt, par les recherches faites dès le premier moment?

Krauss, à son retour à Londres, sévèrement interrogé, mais ne donnant aucun éclaircissement sur cette perte, fut congédié, non sans soupçons de certaine connivence. Il a fait bâtir depuis une belle maison, hors de Vienne, au bord du Danube, où il demeura jusqu'à sa mort avec sa femme qui est Anglaise. Toutefois son frère, courrier comme lui, a conservé son emploi et y est encore aujourd'hui.

Les légations anglaises, à Vienne et en d'autres parties du continent, n'ont pas négligé les enquêtes qui leur étaient prescrites sur cet événement. Deux agens, MM. Johnson, et le docteur Arinstrong, furent envoyés sur les lieux par le gouvernement, et un troisième par la famille. L'emprisonnement et les interrogatoires d'un individu suspect, espèce de braconnier mal famé dans le pays, ne procurèrent aucune lumière, et quoique M. Arinstrong ait persisté à le croire coupable, les Bathurst n'ont point partagé son opinion. Il faut qu'ils aient eu quelque donnée particulière, mais sur laquelle ils sont restés très réservés. Ils se flattent que leur fils n'est pas mort, quoique ayant peu d'espoir de le revoir, excepté la mère qui trouve sa consolation à en parler. Le père, plus concentré, garde l'idée *qu'il vit renfermé en Russie dans quelque forteresse éloignée.*

Au mois de septembre 1810, madame Bathurst avec M. Call son frère, aborda à Morlaix, et reçut aussitôt l'autorisation de venir à Paris. Son motif était de solliciter de notre gouvernement tous les renseignemens qui pourraient la fixer sur le sort de son mari, et sur sa propre situation pour le cas possible d'un nouveau mariage. Elle fut accueillie avec intérêt par. M. de Champagny, ministre des affaires étrangères, et par M. le duc de Rovigo, ministre de la police, *seulement depuis trois mois.*

Cette dame, autant qu'il m'en souvient, pensait que son mari avait été tué en mer, ou en embarquant, par des pêcheurs auxquels il s'était confié. Dailleurs nuls soupçons contre la France; sa démarche même les excluait. Autrement, est-ce à nous qu'elle serait venue demander un certificat de vie ou de mort. Nous ne pûmes la servir efficacement, n'ayant plus d'autorité dans ces pays lointains. Elle-même, prit son retour par l'Allemagne, et n'y eut pas plus de succès.

Enfin, un accident bien inattendu et atroce vint soulever un coin de ce voile de crime.

Le comte d'Entraigues, émigré, le même que Napoléon prit avec tous ses papiers à Venise, dans la première campagne d'Italie; celui qui après avoir imprimé en 1789, que *la noblesse est le plus grand fléau dont le ciel ait affligé la terre,* s'est fait le boute-feu de ce parti; publiciste distingué, mais d'un genre noir et fougueux, dont la plume et les intrigues ont soulevé contre nous les méfaits et la guerre, le comte d'Entraigues périt à Londres dans sa maison de Barnes-Terrasse. Son domestique, Piémontais, le poignarda en plein jour, ainsi que la comtesse (1), sur leur porte, comme ils allaient monter en voiture. Son motif est resté inconnu et inexplicable, s'étant lui-même coupé la gorge aussitôt.

Le gouvernement britannique, en raison des secrets et des mouvemens diplomatiques où s'était mêlé M. d'Entraigues, s'assura de ses papiers. Il est certain qu'on y trouva des pièces

(1) Madame Sainte-Huberti; jadis célèbre chanteuse de l'Opéra.

relatives à l'enlèvement de M. Bathurst. Mais tout a été examiné et gardé dans le secret des bureaux ministériels. Le seul point que l'on ait laissé transpirer, c'est que *les Français n'étaient pour rien dans cette affaire.*

Il faudrait donc croire que ce fut un coup de main politique. Que l'Angleterre, qui y fut étrangère, en a connu plus tard les auteurs et les motifs. Et enfin, que son silence sur une atteinte si grave à sa dignité et au droit des gens, tient à des ménagemens qu'elle croit devoir encore à certains personnages, ou à des intérêts qui la touchent d'assez près.

Je dois signaler ici un *quiproquo*, que j'ai vu dans des pamphlets sur le sujet qui m'occupe. A la fin de 1805, quatre ans avant le malheur de M. Bathurst, un courrier anglais, nommé Wagstaff, expédié de Londres à Berlin, tomba dans un poste français, du corps de Bernadotte, entre Rhena et Perleberg. On lui prit toutes ses dépêches pour M. Jackson, embassadeur à Berlin, et beaucoup de lettres du nord. Je les ai eues toutes en mes mains; une qui était écrite par le jeune roi de Suède fut insérée alors dans le *Moniteur*. La proximité des lieux, et une sorte d'analogie ont produit dans la suite une confusion entre les deux faits, malgré un intervalle de quatre années, malgré la différence des noms et qualités, de l'objet et du résultat final. Car, Wagstaff, dévalisé, revint paisiblement à Londres, avec le procès-verbal de son aventure, dont tous les journaux anglais firent mention.

C'est dans cette méprise que roulent et l'accusation faite à Malte (1815) au duc de Rovigo, par rapport à M. Bathurst, et la justification qu'il publia, à Londres, dans le journal *The Pamphleteer*. D'abord les questions les plus minutieuses lui furent adressées par les officiers du *Bellérophon*, tant sur la mort du capitaine Wright et de Pichegru, que sur celle de M. Bathurst, comme s'il en était l'auteur. Ce fut de même ensuite à bord de l'*Eurotas*. (Outre madame Bathurst, qui y vint avec des officiers de justice pour consigner les déclarations qu'elle conjurait le duc de lui faire, *maintenant qu'il n'était plus ministre.*) Enfin, à Malte, un colonel vint l'interroger d'office dans sa prison, sur le grief, mal précisé sans doute, *d'avoir intercepté et fait disparaître M. Bathurst avec ses dépêches*, etc., etc. La réponse du duc n'est qu'une longue équivoque avec l'autre courrier; il établit ses alibis, et de plus l'impossibilité qu'on ait eu le temps de savoir de Londres son départ, et de se porter, soit de Paris, soit de Vienne, vers la Baltique, pour le surprendre au passage, etc., etc. Sa lettre au ministre, Lord Bathurst, est dans le même sens; elle l'aura du moins convaincu combien M. de Rovigo était étranger aux faits de MM. Bathurst et de Wagstaff : ils ont eu lieu, en effet, sous le ministère du duc d'Otrante, et son successeur ne les a connus que par moi, et par l'arrivée de madame Bathurst.

Le sujet m'amène naturellement à parler de la conduite respective de la France et de ses ennemis, sur le point d'infraction au droit des gens dans toute notre révolution. D'un côté, le meurtre du consul Basseville et du général Duphot, à Rome, de nos plénipotentiaires à Rastadt; la longue détention de M. de la Fayette, des deux légations entières de MM. de Sémonville et Maret; celle des députés de la convention et du ministre de la guerre Beurnouville. Ajouterai-je la déportation de Napoléon ?...

De la part du gouvernement français, je vois deux violations, et seulement sous le consulat, savoir : l'extradition forcée du duc d'Enghien, suivie d'un jugement capital; et l'arrestation à Hambourg, du consul anglais, sir Georges Rumbold, qui fut amené au temple, et libéré en peu de jours sur la réclamation de la Prusse. Ce dernier acte, sauf le caractère public de sir Georges, équivaut au moins à l'affaire de Napper-Tandy. On sait que l'Angleterre exigea, en 1798, du sénat de Hambourg, l'extradition de ce proscrit irlandais, qui fut condamné à mort. L'énergique intervention de Paul Ier fit surseoir à son exécution; et ensuite sur les négociations du directoire, il fut rendu à la France.

Par une fatalité qui se rapporte à celle de M. Bathurst, le même M. Rumbold, sans aucun accident connu, a disparu aussi du monde, et si complètement que son épouse s'est remariée (avec l'amiral sir Sidney Smith), après les cinq années d'absence révolues, selon la loi anglaise. Cette dame est morte depuis, et je n'ai pas ouï dire que M. Rumbold ait reparu.

LE MINISTRE FOUCHÉ.

Singulière question de Napoléon à M. Fouché. — Réponse du ministre. — Expédition de lord Chatam. — Appel aux gardes nationales, proposé par le duc d'Otrante. — Cambacérès n'ose rien prendre sur lui.—Son mot et sa crainte.—Prompt effet d'un manifeste. — M. de Pomereuil et M. de Vaublanc. — Elan de la France. — Fouché dirige le mouvement. — Bernadotte, disgracié, prend le commandement des forces civiques. — Rapprochement de M. Fouché et du Prince Talleyrand.— La clef de chambellan est retirée à ce dernier et donnée à M. Montesquiou. — Question menaçante de M. Fouché. — M. Talleyrand seconde la recrue patriotique. — Les Anglais abandonnent leur conquête. — Napoléon prend de l'ombrage du pouvoir de son ministre. — Négociation avec l'Angleterre, entamée par M. la Bouchère, à l'instigation de M. Ouvrard.—Le duc d'Otrante prend la défense d'Ouvrard, dont l'empereur exige l'arrestation. — Le duc de Rovigo fait arrêter Ouvrard. — On saisit ses papiers. — Démission forcée de M. Fouché. — Il est remplacé par le général Savary. — Bases d'un traité avec l'Angleterre. — Projet de l'envoi d'une armée française pour soumettre les Etats-Unis d'Amérique.—Ouvrard est relaxé.—M. de Fagan. — M. Fouché, nommé à l'ambassade de Rome.— Les scellés apposés sur ses papiers par le préfet Dubois. — Mission du conseiller d'état Réal. — Perplexités de M. Fouché. — Il prétend avoir brûlé les lettres de Napoléon qu'on lui réclame. —L'ambassade de Rome est révoquée. — Le duc d'Otrante se retire. — Il se venge en 1815.

EN avril 1809, l'empereur allait partir pour cette campagne qui, terminée à Wagram, procura le mariage avec Marie-Louise.

Napoléon. « Que feriez-vous, Fouché, si je

venais à mourir d'un boulet, ou de quelque autre accident ? »

Fouché. « Sire, je prendrais du pouvoir tout ce que je pourrais, afin de dominer les événemens, et n'en être pas entraîné. »

Napoléon. « (après un instant de réflexion) A la bonne heure; c'est le droit du jeu. »

Bientôt Napoléon ayant manqué son coup à Esseling, eut ses ponts emportés par le Danube, et son armée séparée sur les deux rives. En cette situation périlleuse, qui exigeait non seulement des prodiges de travaux et d'audace, mais du temps, une expédition anglaise conduite par lord Chatam, frère de Pitt, s'emparait de Flessingue, s'avançait sur Anvers, et menaçait la Belgique.

A cette nouvelle, le conseil des ministres est convoqué par l'archi-chancelier. Le duc d'Otrante, rentré au ministère depuis plus de cinq ans, opina pour un appel immédiat des gardes nationales, qu'on enverrait de proche en proche à l'ennemi. « Que diraient l'empereur et l'armée, si la France défendue au loin par eux laissait insulter impunément ses foyers, en attendant leurs secours ? » Cambacérès dit au ministre ces propres paroles : « Monsieur Fouché, je ne veux pas me faire décoller, moi. J'ai envoyé un courrier à l'empereur ; il faut attendre sa réponse. — Et moi, répliqua le ministre, je ferai mon devoir, en attendant. » Le jour même, il lança son manifeste au courage français, ordonnant de mobiliser dans tout l'empire la garde nationale. Mesure outrée peut-être; mais le coup d'opinion n'en fut que plus décisif.

Un trait digne de mémoire, et qui n'admet nul doute, c'est que le seul département du Nord fournit 14,000 hommes en uniforme, armés et équipés. Et le dernier détachement partait pour Anvers le 17ᵉ jour après la circulaire du ministre. Le baron de Pomereuil était préfet de ce département populeux et guerrier. Je citerais avant lui M. de Vaublanc, préfet à Metz, si je pouvais préciser aussi bien le chiffre de ses enrôlemens. Mais son zèle à la défense du territoire, et les dispositions du pays furent tels, que *plus de la moitié de ce qui pouvait porter les armes marcha sur l'Escaut*. Ce sont les expressions de cet administrateur.

Napoléon, du premier aperçu, approuva ce

qui était fait. Le ministre Fouché, qui avait pris l'initiative de ce grand mouvement, en saisit aussi la principale direction, tandis que les ministres de la guerre et de l'intérieur restaient en suspens. Il commença par envoyer Bernadotte pour commander ces forces civiques, sans être retenu par la considération que ce général avait gravement indisposé l'empereur, qui venait de l'éloigner de l'armée (la cause de son ordre du jour intempestif à son corps de Saxons). C'était assez la manière du duc d'Otrante d'enchevêtrer, dans ses meilleurs actes, certaines vues propres à lui, que Napoléon ne pouvait presque plus en séparer sans inconvénient. Fallait-il, en cassant un choix qui n'était pas sans popularité, flétrir le dévoûment d'un ministre et d'un maréchal, et refroidir ainsi l'élan d'une opération si importante, mais toute de zèle et d'opinion?

Dans le même temps, le ministre se liait avec une autre disgrâce de Napoléon. Je veux parler du prince de Talleyrand. Quoique déchu du ministère de l'extérieur, il s'était maintenu dans un degré de confiance particulière jusqu'au jour où l'empereur, accouru d'Espagne (23 janvier de cette même année 1809), lui retira le 28 la clef de grand-chambelland, donnée le même jour à M. de Montesquiou. Tandis que Napoléon poursuivait jusqu'au bout de la Péninsule l'armée anglaise à travers une insurrection générale, on s'accoutumait à Paris à le regarder comme lancé, par son trop de précipitation et malgré *tous les bons conseils*, dans une carrière des plus dangereuses. M. de Talleyrand, homme d'avenir et de calculs, avait fait alors apparition au salon du duc d'Otrante, dans ce même salon où naguère le ministre me demandait tout haut, *s'il y avait de la place au temple?* ajoutant au milieu de son cercle : « C'est pour y loger ce Tallerand, qui ne l'aura pas volé. » Sans doute cette vieille antipathie des deux ministres principaux ne déplaisait pas à Napoléon. Mais si l'on s'entend souvent sans se parler, combien un rapprochement si nouveau, commenté par les courtisans, dut lui donner à penser dans son éloignement! Ce fut une des causes de son brusque retour d'Espagne; en effet, tout se replia et rentra dans l'ombre.

Mais six mois après, l'intimité se réveilla, alors du double orage sur le Danube et sur l'Escaut. C'était un des accidens de Napoléon de marcher de crise en crise, et à chacune de toujours voir les intérêts divers se grouper à part de lui. M. de Talleyrand, maintenant en accord de courtoisie et de vues avec M. Fouché, seconda de toute son influence sa recrue patriotique. « Que l'on se montre ! disait-il dans sa société ; à moins qu'on ne veuille se résigner à n'avoir que des Mameloucks et des Polonais. »

L'expédition anglaise avait disparu à l'approche des gardes nationales, en abandonnant sa conquête de Flessingue. L'empereur, après la paix dictée à Wagram, était à Fontainebleau le 28 octobre 1809. Certes, je ne puis pas dire qu'il ait vu de mauvais œil le soulèvement glorieux des milices; seulement il prit occasion d'en blâmer l'extension démesurée et inopportune, en apprenant que des autorités secondaires en Piémont, par suite de la première impulsion, travaillaient encore à cette organisation surannée. Du reste il exprima ouvertement sa surprise, ou pour mieux dire l'inconvénient qu'il trouvait à ce qu'un ministre eût assez de pouvoir dans son empire, pour soulever seul et mettre en armes tout le pays. Un tel pouvoir n'eût pourtant pas été à dédaigner en 1814. Et, selon mon opinion, M. Fouché en eût aussi usé dans Paris, voire même jusqu'au tocsin et aux barricades. Sa foi en la fortune de Napoléon n'était point usée, et rien ne l'avait encore rassuré sur son sort, en cas d'une restauration.

Mais il se présenta contre ce ministre un autre grief plus plausible, et qui prit d'autant plus de force, que Napoléon, par son mariage récent, croyait pouvoir se passer de ses services. Son frère Louis l'entretint à Anvers (mai 1810) d'une négociation entamée avec l'Angleterre par M. Labouchère, de la maison Hope d'Amsterdam. Celui-ci avait été mu par M. Ouvrard, venu exprès en Hollande au mois de mars, comme autorisé par le duc d'Otrante à pressentir le cabinet de Saint-James sur des moyens de rapprochement. Même il donna des bases, que j'indiquerai plus loin.

Le 2 juin, l'empereur à son retour à Saint-Cloud, tint un conseil des ministres. Le duc, interpellé sur cette négociation, déclara n'avoir donné ni pouvoirs ni instructions : « que, M. Ouvrard se croyant en mesure par M. Labouchère, gendre de sir Francis Baring, de sonder le terrain à Londres pour la paix, il lui avait recommandé de chercher à connaître les dispositions du ministère... »

L'empereur dit : « Ouvrard a été beaucoup plus loin. Il a fait des ouvertures, a présenté des articles. S'il n'a pas été autorisé par vous, il doit être arrêté comme un homme dangereux et coupable. » Le ministre, l'excusant sur ses intentions et sur un zèle qui avait pu le porter trop loin, soutint qu'il ne méritait pas d'être arrêté. — « Duc d'Otrante, reprit Napoléon, vous devriez porter votre tête sur l'échafaud. » Puis, s'adressant au ministre de la justice : « Que prononcent les lois contre un ministre qui traite avec l'ennemi sans la participation de son souverain ? » — Le grand-juge répondit : « Votre majesté vient de le dire; la loi est précise à cet égard. »

Durant cette discussion, on s'assurait de M. Ouvrard et de ses papiers. L'empereur avait envoyé le duc de Rovigo à Paris pour que cela fût exécuté, avant qu'on pût savoir ce qui se passait à Saint-Cloud. Il fut arrêté chez madame Amelin. Le prince Talleyrand s'y trouvait en ce moment. Le même jour, la démission du ministre fut demandée, et agréée dans les termes qui lui conviendraient le mieux. Le lendemain, son successeur, le duc de Rovigo, prêta le serment.

Les papiers de M. Ouvrard firent connaître clairement les points suivans :

1° Qu'il avait suivi, par M. la Bouchère, une négociation avec le premier ministre, marquis de Wellesley.

2° Qu'il avait établi pour base que l'empereur était disposé (mais à cause de son mariage seulement), à se relâcher sur Malte, Naples, les îles Ioniennes, la Hollande et même l'Espagne. Ce sont les termes formels d'une note de la main de M. Ouvrard neveu, remise à l'empereur par le roi de Hollande qui la tenait de M. la Bouchère.

3° Qu'on avait proposé au marquis de Wellesley de s'entendre sur les Etats-Unis d'Amérique, c'est-à-dire d'y envoyer une armée française sur une flotte anglaise.

Ce dernier article est remarquable, et je regrette que mon journal de Notes reste interrompu ici avec une page en blanc, sans doute, à cause de mes occupations avec le nouveau ministre. Mes souvenirs ne peuvent y suppléer ; j'ajouterai seulement que, chargé d'interroger M. Ouvrard, je le trouvai fort calme ; et, contre mon attente, il m'assura n'avoir point agi sans prévenir l'empereur, dont il avait eu le consentement positif, quoique indirect. Je lui dis que, dans ce cas, fort aisé à vérifier, son affaire n'était plus rien, et finirait en vingt-quatre heures. C'est ce qui eut lieu. En effet, il s'était mis en règle mieux que le ministre qui, peut-être, n'attachait pas autant d'importance à ces pourparlers ; car il en avait chargé dans le même temps une autre personne (M. de Fagan, officier irlandais).

Mais sa retraite obtenue et son éloignement honorable par l'ambassade à Rome, semblait avoir tout compensé, quand le comte Dubois, préfet de police, vint à son château de Ferrières apposer les scellés sur ses papiers. A peu de jours de là, le conseiller d'état Réal, ami personnel du duc, fut envoyé pour les lever, simplement et sans autres recherches ni examen. Mais sa misssion aussi était de redemander et de se faire remettre toute la correspondance de l'empereur. Avec ce rameau d'olivier,

M. Réal arrive à Ferrières en calèche découcouverte, et sa fille à ses côtés, pour prévenir d'avance toute inquiétude au château. Cependant, un cheval équipé, qu'il vit de loin dans la cour, disparut aussitôt, et le duc n'était plus chez lui.

La duchesse, tout en larmes, quoique maintenant rasssurée, ne savait elle-même où il était allé, ni s'il devait revenir. Sur ce nouvel incident, mandé à Paris, le conseiller reçut l'ordre de faire comme il jugerait le plus convenable. Heureusement, le duc reparut à onze heures du soir, après une journée très agitée. Car, selon ce qu'il dit à M. Réal, ayant pris, le matin, une somme assez forte chez son fermier, il s'était mis en poste, tantôt vers Saint-Cloud pour y confondre ses ennemis, comme Richelieu par une *Journée des Dupes*, tantôt, vers l'Angleterre..., et finalement pour revenir prendre langue dans sa maison.

M. Réal arracha d'abord les scellés sans nulles formalités. Quant aux lettres de l'empereur, le duc assura de la manière la plus forte qu'il les avait toutes brûlées; c'était le moyen qu'on n'y revînt plus. Personne ne le crut; Napoléon n'insista point. Apparemment, son mot qu'on a vu plus haut, *c'est le droit du jeu,* lui revint à l'esprit, comme aussi à M. Fouché, celui de Cambacérès, *je ne veux pas être décollé.* Pouvait-il, en effet, livrer toutes ses garanties, après avoir professé la maxime *de prendre le plus de pouvoir possible,* et l'avoir mise en pratique en s'ingérant à la fois dans les mesures de la guerre et de la paix?

L'ambassade de Rome fut révoquée. Le duc se retira dans sa sénatorerie à Aix, et fut envoyé gouverneur en Illyrie, jusqu'en 1814.

Ainsi se termina, après six années, le second ministère de M. Fouché. Il devait encore y être appelé par Napoléon en 1815, mais sous d'autres auspices, et avec une issue bien différente. Cette fois, c'est le ministre qui renvoya le souverain; triomphe éclatant, mais plus fâcheux que ses précédentes disgrâces! car le duc d'Otrante n'en recueillit qu'un prompt et irrévocable exil.

LA SAHLA.

(FÉVRIER 1811.)

De la Sahla. — Les jeunes illuminés Allemands.—Active surveillance de la police française. — Menace de Napoléon. — Calomnie contre l'empereur. — Provocation aux soldats. — Le jésuite Stabœrlé ou père Ignace. — La Sahla se fait catholique. — Goût simulé pour la débauche. — Combinaison atroce. — Les pistolets du duc de Brunswick.—La Sahla est deux fois au moment d'accomplir son projet. — Arrestation. — Refus d'être mis en liberté sur parole. — Ironie à propos de Staaps. — Son caractère flétri par les illuminés. —Séjour de la Sahla au donjon de Vincennes. — Sobriquet que lui donnent les prisonniers. — La Sahla croit avancer d'une chance le meurtre de Napoléon. — Vanité d'un nom historique. — Ambition d'être fusillé. — Force d'âme.—La Sahla est délivré. — Les cent jours. — Nouvelle apparition de la Sahla. — Explosion fulminante. — Communications importantes. — Il se dit revenu de ses préventions contre l'empereur. — Son stratagème auprès des généraux prussiens.— Sa chimie.—Son imprudence.—Graves soupçons.—La Sahla se justifie.—Il change de langage au retour des Alliés.—Doutes et incertitudes sur ses dernières résolutions.— Saint-Réjant s'oppose à l'assassinat de Hoche et prend part à l'attentat de la machine infernale.—La Sahla, rebuté par les siens, se précipite du pont Louis XVI.—Il est sauvé.—Son séjour à l'hôpital. — Triste fin. — Staaps et la Sahla.

Quinze mois après le jugement de Frédéric Staaps, un nouvel assassin se présente armé contre les jours de Napoléon. Ce n'est plus en pays étranger, dans le tumulte des armes, que le coup doit être porté.

Dominique Ernest de la Sahla, âgé de dix-huit ans, tenant aux premières familles de Saxe et de Prusse, part de Leipsick et vient chercher Napoléon dans sa capitale, jusque dans son palais, au milieu de ses gardes. On voit encore ici un jeune homme presque enfant, encore un Saxon, encore un motif, mais moins pur, de vengeances nationales. Du reste, tout diffère, le mobile, les moyens, surtout le caractère, l'issue même de l'entreprise; car, Staaps a péri, la Sahla ne fut pas même jugé, et s'il est vrai, comme on le verra, qu'il ait encore voulu en 1815 assassiner celui qui lui avait pardonné quatre ans auparavant, qui pourrait, dans de pareilles causes, ne pas hésiter entre la rigueur et la clémence?

La Sahla était muni de douze pistolets et faisait avec ardeur toutes les démarches pour l'exécution de son crime, lorsqu'il fut arrêté à Paris, le 8 février 1811. Quelques mots qui lui étaient échappés en passant à Erfurth avaient donné l'éveil; et il faut dire que la police, prévenue contre les jeunes *illuminés* d'Allemagne, suivait avec attention tout ce qui passait le Rhin, depuis l'âge de dix-huit ans jusqu'à vingt-deux. Interrogé sur tant d'armes chargées, et sur le but de son voyage, la Sahla, après avoir balbutié sur la négative, ne tarda pas à s'expliquer librement, même avec forfanterie sur le fond et les détails de son projet.

Il avait conçu, dès 1806, une haine violente contre Napoléon qui avait dit dans sa colère à Berlin : « Cette noblesse prussienne ! je lui ferai mendier son pain ! » Ce mot, comme un trait empoisonné, s'attacha au cœur d'un enfant de treize ans, dont les parens, soit paternels, soit maternels, étaient de hauts personnages en Prusse et en Saxe. Ses ressentimens s'accrurent par des communications avec certaines personnes, et par toutes les vociférations, les satires, les horreurs absurdes, non seulement sur la politique de Napoléon, mais sur son humeur barbare, ses mœurs privées, ses goûts, ses plaisirs même, si cela peut s'appeler des plaisirs! La Sahla en était venu à ce point d'exaspération que la vue d'un uniforme français le mettait en fureur. Il insultait nos soldats dans les rues de Dresde et de Leipsick. « Mes camarades, me disait-il lui-même, s'en étonnaient, sachant combien je suis craintif d'ailleurs, car la vue d'une épée me fait trembler; mais sur ce point j'étais un lion. » Je rapporte ses expressions.

Il s'était fixé à l'idée de tuer Napoléon, depuis un peu plus d'un an, à la suite de plusieurs entretiens à ce sujet avec le jésuite Stabœrlé, connu à Dresde sous la dénomination de *père Ignace*. Sa mère et sa sœur, auxquelles il se hâta d'aller en faire part, le conjurèrent, même à genoux, de renoncer à cette funeste pensée. Il était l'unique rejeton de cette maison, et son père était mort.

De retour à Leipsick, il changea de religion et se fit catholique, non par un zèle de conviction, car il ne m'a montré que de l'indifférence en cette matière, mais seulement dans la vue de *se ménager*, disait-il, *plus de facilités et de relations en France pour y accomplir son dessein!* Il eut aussi dès lors la singulière attention d'afficher un goût effréné pour les plaisirs, en s'abandonnant à toutes sortes d'excès, « afin de mieux cacher le projet qui l'occupait, et de préter des motifs d'amusemens à son voyage de Paris. »

Une considération particulière le porta à précipiter son départ. Il fallait, selon ses idées, qu'il frappât le coup avant l'accouchement de l'impératrice, prévoyant qu'une telle catastrophe causerait à cette princesse une révolution qui priverait Napoléon de postérité. Calcul atroce qui le fit partir sans attendre le quartier de sa pension, dont le terme approchait. Mais son nom lui suffit pour se procurer à son passage à Francfort, un crédit de cinquante louis.

Arrivé à Paris, il acheta cinq paires de pistolets de la plus forte portée. Il fallut qu'il les fît charger par l'armurier, car la Sahla ne connaissait pas du tout cette arme. Il en avait apporté d'Allemagne une autre paire, mais comme simple souvenir patriotique. C'étaient les pistolets d'arçon que le duc de Brunswick avait le jour de sa mort glorieuse à Iéna. Il ne manquait pas de se rendre chaque jour aux Tuileries. Il y passait presque tout son temps, épiant autant qu'il pouvait les mouvemens de son ennemi, aux issues et aux fenêtres du château. Il m'a assuré avoir manqué deux fois de très peu d'instans de l'approcher, la première quand il montait en voiture dans la cour, et un autre jour, à une croisée des appartemens sur le jardin.

Telles furent ses premières déclarations, bien précises quant à l'intention, quant aux faits et aux moyens matériels d'exécution. Mais on ne sentait pas là ce fond d'énergie sombre, cette froide férocité de fanatisme, cet aplomb de fatalité, qui caractérisent les résolutions de ce genre. Afin de sonder jusqu'où allait celle-ci, je lui annonçai, après plusieurs jours, que le gouvernement voyant dans son fait un certain désordre d'idées, et la velléité plutôt que le dessein formel du crime, ayant égard surtout à son jeune âge, serait disposé à le rendre à la liberté et à sa famille, mais sur sa parole d'honneur de renoncer à tout acte contre Napoléon. Après un moment de réflexion, il demanda vingt-quatre heures pour faire sa réponse. Le lendemain, comprenant bien qu'il s'agissait d'être renvoyé chez lui sur la foi de sa promesse, même avec ses armes et en toute liberté, il déclare que ses sentimens et ses principes s'opposaient à ce qu'il donnât la parole exigée, qu'au contraire s'il était libre, le devoir et sa volonté le portaient à poursuivre son opération. A ce sujet, il jeta quelques mots d'ironie sur Frédéric Staaps, âme pusillanime apparemment et irrésolue ! J'appris ainsi, à mon grand étonnement, que le beau caractère et le courage de Staaps étaient flétris au vain jugement de ces sectaires aveuglés.

Comme j'ai porté une attention suivie sur la Sahla, je puis offrir quelques traits qui feront apprécier la nature et l'étendue de ses dispositions. J'ai su de lui, qu'étant sujet dans son enfance à des attaques d'épilepsie, on l'en délivra par des remèdes violens, qui portèrent le mal à la tête. Plus tard, il donna avec ardeur dans l'étude de l'hébreux; et diverses compositions que j'ai vues de lui, prouvent que son goût le portait plus aux rêveries des rabins qu'aux inspirations des prophètes.

Un moral ainsi travaillé par la maladie, par les remèdes, et par ses études si abstruses expliquent assez ce décousu d'idées et de conduite, qui se remarque dans la plupart de ses actes : ses provocations aux soldats français, malgré sa lâcheté avouée; son changement de religion sans cause bien déterminée, ou sur un futile motif; son plan de débauches à la suite de sa conversion, et qui n'est pas mieux motivé que cette conversion même; le choix qu'il fait de pistolets, tandis qu'en me voyant seulement manier les siens, il s'écriait comme si ma vie eût été en danger. Parlerai-je de sa manière d'être au donjon de Vincennes, où il ne couchait pas dans son lit, ne faisant pas d'autre usage de ses draps que de les pendre à sa fenêtre, pour s'ôter encore le jour qui lui était laissé. Et son calcul sur les couches de l'impératrice, qui lui valut parmi les prisonniers le sobriquet *d'accoucheur de Marie-Louise*. Enfin, cet autre calcul qui n'est que ridicule. « Henri IV, disait-il, souvent attaqué, n'a succombé qu'à la dix-huitième tentative. Il en faudra peut-être cinquante contre Napoléon, qui a une police plus forte. Eh bien! je suis une de ses combinaisons qui doivent manquer; mais ma mort avance d'un degré la chance fatale pour notre ennemi. » Il ajoutait : « Je suis maladif, faible; je ne dois pas vivre long-temps; j'attachais mon nom à un grand fait d'histoire, en sacrifiant un petit nombre d'années malheureuses ! »

Ici se voit à découvert le ressort principal de toute la machine. La vanité! Aussi demandait-il avec une sorte d'empressement : « quand est-ce qu'il serait fusillé au Champ-de-Mars? » Car il regardait ses interrogatoires et ses aveux comme un jugement suffisant. Mais cette satisfaction, si c'en était une, ne lui fut point accordée. Il fut retenu au château de Vincennes avec d'autres, que la politique ou la clémence soustrayait à la justice. Là, pendant trois ans, il montra une véritable force d'âme, qui pour être mêlée de bizarreries n'en est pas moins estimable. Pas un moment d'humeur ni d'impatience; pas une plainte, pas une demande. Quoique si sévère pour lui-même dans cette solitude, dont il aggravait encore le mal, il fut toujours d'une douceur et d'une politesse remarquables dans les relations qu'on eut avec lui.

Enfin, au mois d'avril 1814, l'entrée de ses compatriotes dans Paris lui procura sa liberté. Je n'ai pas su quelle fut alors sa position, sa conduite avec eux. —Mais, dans *les cent jours*, il vint de nouveau se jeter en France. L'on a su à Paris que, le jour où Napoléon devait venir à la chambre des députés, un jeune étranger causa devant le palais de cette assemblée une explosion fulminante, dont lui-même fut atteint.

C'était ce même la Sahla!

Comment se trouvait-il là? qu'était cette détonation? C'est ce que je vais expliquer.

Il s'était présenté vers le 15 mai, sortant des lignes prussiennes, au commandant de Philippeville. Il demanda d'être conduit devant le ministre de la police, dont il disait être bien connu, et auquel il voulait faire d'importantes communications. Ma surprise fut grande à la nouvelle apparition du personnage! La Sahla se hâta d'expliquer que, « revenu de ses premières préventions contre la personne et la politique de Napoléon, indigné surtout des traitetemens que le roi de Saxe, son souverain, éprouvait des puissances coalisées, il s'était dévoué entièrement contre une cause qui avait si mal répondu à ses espérances et à l'attente de toute l'Allemagne. Il avait reconnu, dit-il, les vues, les dispositions et les moyens de beaucoup de seigneurs saxons et polonais, qui l'avaient pressé de venir en faire part au gouvernement français... Il ne cacha point que, pour passer sans obstacles, il avait pris le parti de faire accroire aux généraux prussiens qu'il voulait reprendre et consommer son entreprise de

1811, contre Napoléon; ce qui lui avait procuré leur protection et toutes les facilités désirées. »
Il montra alors un petit paquet de *poudre fulminante*, qu'il offrit de déposer, et dont il démontrerait des applications très utiles pour l'artillerie.

L'on fit peu de cas de sa chimie. Ses mouvemens sur la Saxe et la Pologne ne pouvaient être appréciés pour le moment. — Mais sa manière franche de venir à découvert, se livrer à une autorité dont il avait tout à craindre, fit qu'au lieu de le détenir ou de l'expulser, on se borna à son égard aux moyens de surveillance. Il parcourait Paris avec beaucoup de curiosité, ayant des communications journalières avec moi, et portant toujours sur lui son échantillon de poudre, de peur de quelque accident s'il l'eût laissé dans une chambre à son hôtel; on sait que cette matière s'enflamme au moindre choc. Mais ce qu'il redoutait de l'imprudence d'autrui lui arriva à lui-même. Un jour de pluie, qu'il descendait de voiture, près de la chambre des députés, il glissa, tomba en arrière sur le pavé. Le choc fit prendre feu à la poudre, et l'explosion, en déchirant une partie de ses vêtemens, lui imprima des plaies qui devinrent ensuite plus graves par l'action corrosive de cette substance. Conduit au poste militaire de la chambre, il se réclama de moi. J'étais alors dans la salle, où l'on me prévint sur-le-champ. Je le trouvai pâle, défait, en lambeaux et en sang. Coupant court à toute explication, je l'emmenai avec moi.

Le jour, le lieu, car Napoléon était attendu à la séance de la chambre, me donnaient de graves soupçons. La Sahla s'en défendit vivement et avec intelligence, entre autres moyens de justification, il me mit à même de vérifier que peu de temps avant il se trouvait sur le quai de Chaillot, n. 24, très près de la voiture de l'empereur qui se rendait au petit pas à la cérémonie du Champ-de-Mai. « Or, disait-il, si j'en voulais à sa vie, pourquoi n'aurais-je pas agi en ce moment? » Mais il changea de langage quand l'armée prussienne vint encore une fois lui ouvrir sa prison, il se vantait alors de ce qu'il m'avait tant dénié; il m'affirma, à moi-même, son affreux projet avec détails, m'ayant appelé près de son lit pour me remercier et m'offrir ses bons offices auprès des chefs prussiens, il avait, à ce qu'il m'a dit, augmenté peu à peu chez divers chimistes sa provision de poudre, qui en effet était trop insignifiante pour nous donner de l'ombrage.

Dans l'incertitude où m'ont jeté ses assertions, car je doute encore aujourd'hui, je m'accuse non pas de négligence ou de légèreté, mais de faiblesse, causée par une erreur de générosité. Il fallait proposer son renvoi hors des frontière, ou sa réclusion. Toutefois, qu'on se rappelle que celui qui me trompait ainsi m'avait, naguère, refusé à moi de racheter sa liberté et sa vie par une parole fausse. Je croyais même avoir encore d'autres gages de sa foi et de son repentir... Mais qui peut compter sur l'homme possédé d'une pensée fanatique ? Saint-Réjant, qui s'était vivement opposé à l'assassinat de Hoche, ne vint-il pas exécuter le *Trois Nivose* à Paris ? Quoi qu'il en soit, je quittai la Sahla pour toujours, sans vouloir pénétrer plus avant dans ses relations prétendues avec l'état-major et le cabinet prussien.

Il est probable qu'elles devinrent peu satisfaisantes pour son amour-propre, car les journaux annoncèrent vers la fin de juillet; « que

le jeune la Sahla, le même qui avait causé une explosion sur la place du Palais-Bourbon, venait de se précipiter du pont de Louis-Seize dans la Seine, d'où un prompt secours l'avait retiré. »
Un motif, dirai-je d'intérêt ou de curiosité, me porta à chercher à le voir. J'eus assez de peine à trouver son dernier logement (rue Michel-le-Comte). On l'y avait d'abord transporté, puis à l'hopital de la Charité où il est inscrit au registre : *baron de la Sahla, né à Chaulan (Saxe), entré le 5 août 1815, malade d'une fièvre ataxique lente nerveuse, sorti le 8*. Des renseignemens ultérieurs m'ont certifié sa mort. Triste fin d'un jeune homme doué d'une certaine force d'âme et de pensée, mais très inférieur à Staaps pour la droiture et la pureté de cœur, autant que par sa physionomie pâle, ses yeux hagards et son air effaré.

Tous deux, marqués du sceau fatal des séides, jouets d'illusions fantastiques, l'un dans ses idées religieuses, l'autre dans son incrédulité!... Aussi, le premier court à ce qu'il croit être la voix de Dieu et de la patrie; le second, cherchant de l'importance, cède à une vaine manie de renommée et tout au plus à un intérêt de caste! Chacun d'eux résiste aux douloureuses remontrances de ses parens; mais Staaps leur allègue avec respect le motif d'un devoir sacré et d'un serment inviolable, tandis que la Sahla n'oppose qu'une ironique jactance aux larmes de sa mère et de sa sœur, à genoux devant lui. Enfin, tous deux périssent à la première fleur de l'âge ; l'un en martyre dans le camp ennemi qu'il a troublé, et qui lui accorde des regrets. L'autre, ayant deux fois reçu la vie de celui qu'il voulut assassiner, se tue de dépit lui-même, rebuté par les siens.

J'ai connu plusieurs jeunes têtes, montées comme celle de la Sahla ; j'ai vu des hommes plus mûrs, voués systématiquement à une forte résolution, mais je n'ai pas rencontré un autre *Staaps*.

LE GÉNÉRAL MALLET.

Mallet, son idée fixe. — Il conspire en 1807, 1809 et 1812. — Son caractère. — Il complote d'enlever le premier consul à son passage à Dijon. — Il commande à Angoulême. — Il se querelle avec le préfet Bonnaire. — Ses intelligences avec plusieurs chefs militaires ou civils. — Fausses nouvelles. — Le secret de Mallet. — But colossal de renversement et absence de moyens pour l'opérer. — Isolement et ignorance des conjurés. — Opinion du préfet de police à cet égard. — Il est combattu par M. Fouché. — Mallet se plaît à laisser planer les soupçons sur de hauts personnages. — On ne peut ni le convaincre ni le juger. — Projet audacieux. — La police est avertie. — Les généraux Marescot et Dupont. — L'abbé Lafond. — Le précepteur Boutreux. — Le caporal Rateau. — Le prêtre espagnol *Caamagno*. — Premier rendez-vous. — Les travestissemens. — Le colonel Soulié. — Sa surprise à l'annonce d'un fatal événement. — Le général Lamotte, nom d'emprunt. — Le major Piquerel. — Bon de cent mille francs. — Délivrance des généraux Guidal et Lahorie, et de trois autres officiers. — Le Corse Boccheciampe nommé préfet de la Seine. — Ordres envoyés aux colonies. — M. Pasquier, M. le duc de Rovigo et M. Desmarest, arrêtés par Lahorie et Guidal, sont conduits à la Force. — Expédition chez le général Hullin. — Le général Doucet. — La lettre malencontreuse et l'adjudant Laborde. — Embarras des autorités postiches. — Singulier concours de circonstances. — L'inspecteur général Pâques. — Le terme de la mystification. — Encore une alerte. — Désappointement des conjurés. — Les mensonges de Mallet annonçaient le non succès de son entreprise. — Le vrai général Lamotte. — MM. Alexis de Noailles et Mathieu de Montmorency, membres du directoire exécutif. — Supposition de Napoléon. — Le général Hulot. — Les militaires accusent le civil. — L'agression. — Le signe de croix de l'empereur. — Le rapport de M. Réal.

Le général Mallet nourrissait dès long-temps une idée que j'appellerais fixe dans ce sens que son esprit s'en étant fortement pénétré y rapportait toutes ses espérances et ses projets. Il supposait que Napoléon, se trouvant un jour embarrassé dans quelque expédition lointaine, l'annonce de sa mort, jetée avec éclat au milieu de Paris, y produirait un mouvement soudain de défection, qui bientôt s'étendrait à toute la France. C'est bien dans un sens républicain que cette crise était conçue par lui; et tous ceux qui l'ont connu savent que s'il aspirait à renverser le pouvoir d'une famille, ce ne fut jamais au profit d'une autre maison.

Frappé de cette pensée dominante, il n'a négligé aucune des occasions où il a cru pouvoir la réaliser, dabord à la campagne de Pologne (1807), à celle contre l'Autriche (1809), enfin à l'éxpédition de Moscou (1812).

J'expose ici cette dernière tentative qui s'est manifestée par des actes extérieurs assez importans. Ce que je dirai des deux autres projets, sera pour mieux faire comprendre la marche, les vues et le caractère de l'homme, sa position en 1812 et les combinaisons diverses sous lesquelles son plan d'agression a été formé.

Mallet, officier en 1789, sétait livré dès lors

au mouvement de la révolution ; il en conserva les principes. L'élévation du général Bonaparte au consulat alarma et blessa ses sentimens. Je crus le voir alors affilié à certain projet d'enlèvement du premier consul à son passage à Dijon pour Marengo. L'explication particulière que j'en eus avec lui, mit fin à quelques relations que nous avions conservées de l'armée d'Italie. Employé ensuite dans son grade de général de brigade à Angoulême, il s'y montra inconciliable d'opinions et de procédés avec le préfet M. Bonnaire. De là, il passa à Rome, où il fut enfin révoqué, ne s'accordant pas mieux avec les vues et l'administration du gouverneur, le général Miolis.

Il était en cet état de réforme quand la prolongation de la campagne en Pologne, après la victoire meurtrière et équivoque d'Eylau, vint saisir et mettre en action son idée favorite. A cette époque d'incertitudes et de sourdes agitations, il se ménagea des communications avec plusieurs chefs dans le civil et le militaire, il jetait dans leur esprit l'idée, même l'assurance d'un mouvement qui allait s'opérer par de puissans moyens dans le sénat, l'armée et le peuple ;

à d'autres hommes plus obscurs, mais plus décidés, il confiait qu'ils étaient désignés membres du futur gouvernement, et il les tenait dans l'attente journalière de l'explosion prochaine et générale qui devait les installer en fonctions. C'étaient là les premiers instrumens qu'il lui convenait de mettre en jeu. Du reste, il ne leur demandait nullement d'agir ni de se compromettre. Tout serait réglé et consommé par un pouvoir supérieur, et il ne leur fallait que se tenir prêts à succéder à l'ordre de choses aboli. Il alla même jusqu'à leur assigner certains jours fixés pour le grand dénoûment attendu, des dimanches, par exemple, jours d'absence des hauts fonctionnaires. Mais comme rien n'était arrivé, il leur alléguait, avec son air froid et positif, quelque incident qui avait nécessité un contre-ordre et suspendu le coup.

Il est probable que le mobile de sa révolution consistait dès lors dans un appareil de fausses nouvelles, de faux ordres, de faux uniformes; que lui-même devait paraître hardiment de sa personne, proclamant la puissance et les résolutions d'un prétendu nouveau gouvernement, persuadé que ces esprits prévenus voyant là l'accomplissement de l'œuvre tant prédite, ne manqueraient pas de s'y jeter avec une confiance qui en entraînerait d'autres. Il se gardait bien de donner son secret à ses affidés qui n'auraient plus vu en lui qu'un rêveur.

Aussi, quand ils furent tous arrêtés, dans le vague de cette menée, les premiers indices et aveux présentaient un vaste projet plein d'assurances, et tendant à un but colossal de renversement; mais de moyens réels nulle apparence. Cependant, comme dans les divers entretiens, il avait beaucoup été question de sénateurs, de proclamations, de hautes mesures du sénat, le préfet de police eut l'idée que le complot pouvait bien se rattacher à certains membres influens de ce grand corps, opinion vivement combattue par le ministre Fouché, mais qui touchait assez aux préventions de l'empereur. J'ai même entendu alors les mots d'*élimination*, d'*épuration du sénat!* L'enquête et les interrogatoires se faussèrent dans ce nouvel aperçu. Mallet vit bien qu'on s'occupait moins de son propre méfait, que de trouver d'autres coupables plus importans que lui ; il prêta donc le flanc de ce côté. Mais le sénat n'étant convaincu de rien, Mallet, son prétendu instrument, devint de même impossible à convaincre ou du moins à juger. Un décret ordonna sa détention dans une prison d'état.

En 1809, après la bataille d'Essling, le général Mallet, dans la prison de *la Force*, se mit encore à son œuvre fatale. D'après les indications qui en furent données à temps par un des initiés, jeune Romain détenu avec lui, « Mallet s'échappant de sa prison le dimanche 29 juin (jour du *Te Deum* à Notre-Dame, pour l'entrée des Français à Vienne), arrivait sur le parvis de cette église, l'épée à la main, en grande tenue, précédé d'un tambour et d'un drapeau. Là, il criait parmi la foule et les soldats : *Bonaparte est mort! à bas les Corses !... à bas la police! vive la liberté.* Il masquait avec des pelotons militaires toutes les issues de l'église, y enfermait les principales autorités réunies pour la cérémonie... Les prisons s'ouvraient; les généraux Marescot et Dupont, alors à *l'Abbaye*, devaient être d'abord délivrés. De suite un gouvernement provisoire nommé, des courriers, des commissaires expédiés, etc., etc. Et enfin quand la fable qui échafaudait tout cela serait démentie, on se trouvait lancé, et le mouvement avait déjà assez de forces pour se soutenir par lui-même. Le dénonciateur qui s'était d'abord adressé à l'archi-chancelier ajoutait que l'uniforme et les armes du général étaient déjà déposés dans une maison près de la Force. »

La police, avertie, n'eut besoin que d'un peu de précautions pour prévenir cette incartade, supposé qu'elle eût été sérieusement projetée. Et il est permis de le croire, car elle rentre dans la première; et l'une et l'autre semblent être des esquisses de celle que nous allons voir en action, à une époque postérieure où Napoléon était engagé dans une position pénible à sept cents lieues de sa capitale.

Le général Mallet, toujours prisonnier d'état, mais ayant en effet cette portion de liberté que comporte une *maison de santé*, sort la nuit du 22 au 23 octobre 1812, de chez le *médecin Dubuisson*, où il était confiné à *la barrière du Trône*. M. l'abbé *Lafond*, de Bordeaux, retenu dans la même maison, sort avec lui. Un gros portefeuille qu'ils emportent est rempli des sénatus-consultes, proclamations, ordres du jour, instructions, enfin toute la chancellerie du gouvernement qui va surgir. Ils étaient attendus dans la rue par les sieurs *Boutreux*, précepteur, et *Rateau*, Bordelais, caporal dans un régiment de la garnison. Celui-ci jouera le rôle d'aide-de-camp; l'autre, de commissaire de police, et ensuite de préfet. Mallet ne les avait connus que dans sa détention, et par l'entremise de M. Lafond. Il est à remarquer qu'on ne verra ici que des personnages de rencontre, et pas un seul de ses précédens affidés, comme s'il n'eût eu besoin que de machines pour faire ses écritures, et de dupes pour figurer au prologue de son drame. Je dois dire que M. Lafond, qui voulait juger la pièce, eut le bon esprit de ne la suivre que de loin, et de disparaître avant le dénoûment.

Tous se rendent chez un prêtre espagnol, nommé *Caamagno*, encore aujourd'hui (1830) attaché à la paroisse de Saint-Gervais, à Paris, autre connaissance de prison, demeurant près la place Royale. Là, étaient les armes et le grand uniforme du général; plus une écharpe d'aide-de-camp, et une ceinture de commissaire de police. Chacun revêt son costume, et on va réveiller M. *Soulié*, colonel d'une cohorte, casernée tout près à Popincourt. Mallet et lui ne se connaissaient nullement. Il était environ deux heures du matin. — « Eh bien! colonel, lui dit-il d'un ton calme et aisé, il y a du nouveau. Bonaparte est mort. » Cet officier, alors souffrant de la fièvre, est frappé de stupeur, retombe sur son lit, en répétant douloureusement : « O ciel! l'empereur est mort? » Et dans son trouble, on lui déroule tous les actes du sénat, qui entre autres mesures de gouvernement établit commandant de Paris, le général *Lamotte*. C'est sous ce nom d'emprunt que Mallet se présentait alors, et venait donner ses ordres au colonel.

Ce dernier fait appeler son major, M. *Piquerel*. Nouvelles exclamations sur le fatal événement, nouvelle lecture des sénatus-consultes. Le major se soumet comme son colonel, et en reçoit l'ordre de mettre la cohorte sur pied à la disposition de *M. le général Lamotte*.

C'est ici le véritable triomphe de Mallet, puisque deux heures après son évasion, le voilà maître d'une partie de la force publique, sans autre effort à la vérité, que d'avoir trouvé un colonel qui voulût se livrer au premier venu, sur des ordres qui lui étaient parfaitement inconnus. Il était pourtant homme de sens et d'honneur; car je tiens pour constant que *le bon de cent mille francs sur le trésor,* dont le général Mallet ou Lamotte lui fit alors présent, n'eut point d'effet sur sa détermination.

La cohorte est bientôt sous les armes. On lui lit à haute voix le sénatus-consulte; et tout cela se met en marche sur la foi du nouveau gouvernement, ne doutant de rien, sans une seule cartouche, quoiqu'il y en eût dix mille à la caserne, et avec les mêmes pierres à fusil *en bois* qui leur servaient à apprendre l'exercice.

A cinq heures, le général, à la tête de sa troupe, arrive à la prison de la Force, et se fait ouvrir les portes. Les généraux *Guidal* et *Lahorie* y étaient renfermés. Il somme le concierge de les représenter. En attendant, il délivre trois officiers détenus pour l'affaire du général Ernouf, à la Guadeloupe, et qui se reconstituèrent prisonniers dans la matinée. Un Corse, nommé *Boccheciampe,* qui survient là, se fait mettre aussi en liberté par occasion, et est nommé sur place, préfet du département de la Seine. C'était son arrêt de mort qu'il recevait!

Guidal, réveillé en sursaut, croit qu'on vient

le prendre pour le mener au conseil de guerre à Toulon, qui doit le juger pour des communications criminelles avec la croisière anglaise. Depuis long-temps il faisait retarder ce voyage, sous des prétextes de maladie. Au lieu de cela, c'est un brevet du sénat qu'on lui apporte.

Lahorie vient le dernier; salué, embrassé, félicité sur sa délivrance. Dans sa surprise, il demande des explications. On lui jette tout ce qui vient d'arriver, et de Bonaparte et du sénat. On lui livre une liasse de papiers, où il voit sa nomination au ministère de la police. Et son premier acte doit être d'aller prendre le ministre et le préfet dans leurs hôtels. Certes, la méprise de cet officier n'est pas comparable à celle du colonel Soulié, car il avait pour preuves sa libération même, opérée par la force publique, et pour garans de toutes ces nouvelles la tête de ceux qui les lui venaient apporter.

Ici l'action se partage. Tandis que Lahorie avec presque toute la cohorte marche à son expédition, en feuilletant à la hâte le long des rues les papiers qu'il vient de recevoir, Mallet, avec un détachement, se rend par un autre chemin chez le comte *Hullin*, commandant de Paris.

Mais auparavant, à la porte même de la prison, il avait expédié simplement *un soldat en ordonnance* à la caserne dite *de Babylone*, avec un paquet à l'adresse de messieurs les sous-officiers d'un régiment qui y était en quartier. C'étaient tous les actes du jour, et en outre certains ordres distincts de porter des détachemens au palais du sénat, au trésor, à la banque, et aux barrières pour les fermer. Au vu des premières pièces, on en parle à quelques officiers. Une sourde rumeur se répand dans la caserne. La nouvelle de la mort de l'empereur parvient à leur colonel, le général Rabbe; et, dans le premier mouvement de surprise et d'affliction, sans attendre de directions, on demande la lecture des papiers, on délibère sur l'exécution des ordres qu'ils contiennent, on s'y décide par acclamations, on prend les armes; et le régiment se distribue par pelotons à tous les postes qui lui sont assignés par le paquet. Voilà les forces du général Mallet doublées, et toutes en action sous ses ordres!

Cependant le général Lahorie s'avançait sur l'hôtel de la police générale, après avoir en passant détaché une compagnie sur la préfecture, avec le faux commissaire Boutreux, transformé en préfet. M. le baron Pasquier fut arrêté et conduit à la Force. Il réussit au milieu du tumulte à dépêcher un avis au ministre, duc de Rovigo. Mais l'envoyé ne put pénétrer jusqu'à sa personne. Lahorie survint presque aussitôt. Il procédait à enfoncer les appartemens, quand le ministre parut à une autre porte, et se trouva en présence. Ces deux hommes étaient liés d'une amitié formée dans les camps, et que la diversité d'opinions ou plutôt de position n'avait pas altérée. — « Savary, lui cria Lahorie, rends-toi, tu es mon prisonnier : je ne veux point te faire de mal. » Le ministre riposta par des questions et des explications très animées, mêlées des plus vives remontrances aux soldats qui restèrent immobiles. On a dit que leur major Piquerel, tenté à voix basse par le ministre, qui lui glissait la main sur la garde de son épée, eut un moment d'indécision. Mais Lahorie, qui s'était mis à écrire mon mandat d'arrêt, termina brusquement cette scène, en s'écriant : saisissez-le ! le général Guidal se charge de le conduire à la Force, tandis qu'un lieutenant, à la tête d'un détachement de cinquante hommes, venait s'emparer de moi. L'escorte m'emmena à la même prison.

En passant devant l'hôtel de la police, je ne vis aucune trace des violences, que je craignais que l'on n'y eût commises; car l'officier très réservé contre toutes mes questions, m'avait dit seulement : « L'empereur a été tué... d'un coup de pistolet... sur un rempart de Moscou... à deux heures après midi...... que les ministres de la guerre et des finances étaient déjà au fort de Vincennes. » Il se tut sur le duc de Rovigo. Pas un mot de l'expédition sur la prison de la Force, ni de Lahorie, ni du sénat ; ce qui peut-être m'eût remis en mémoire Mallet et sa manie. J'aurais pu alors tout éclaircir en un instant de conversation avec Lahorie, mon ancien camarade de classes au collége de Louis-le-Grand. Loin de là, mon imagination se forgea Bernadotte au quartier impérial russe, venant après le coup fatal s'offrir en médiateur à nos généraux consternés, arrangeant avec eux un nouveau gouvernement sous les auspices d'Alexandre, et ayant de concert expédié à Paris des ordres et des agens en conséquence, etc., etc. Je rêvais au lieu de douter. Fascination inévitable, qui de ce premier coup (la mort de l'empereur)! vint saisir et fausser les esprits de chacun. Les soldats aussi n'étaient pas sans quelques rêves. Une personne envoyée au ministère pour s'informer de ce qui se passait, s'annonça de la part du comte Réal : « Ah! il n'y a plus de comte! » lui répondit-on de la cohorte.

Je trouvai M. le baron Pasquier au greffe de la prison. Nous échangeâmes quelques mots en latin. Et je pris ma part des excuses que lui faisait le concierge honteux et tremblant de nous retenir sous ses verroux, alléguant la présence d'un de ses subalternes, dont il se méfiait.

Le nouveau ministre Lahorie, ayant rempli sa mission, mandait le tailleur du ministère pour faire son costume; et, fidèle à ses instructions, se rendait à l'Hôtel-de-Ville, où, selon le sénatus-consulte de Mallet, devait se tenir une assemblée solennelle de notabilités civiles et militaires. Surpris de n'y trouver personne, il revint s'établir dans son cabinet attendant tranquillement d'autres ordres!

Mais le grand ressort de toute la machine se trouvait alors suspendu dans son mouvement. Mallet, introduit chez le général Hullin, commandant de Paris, lui avait signifié qu'il *l'arrêtait par ordre du ministre de la police ;* il ne lui disait pas lequel. A la première observation du commandant stupéfait, il lui décharge un pistolet dans la figure ; puis, le laissant étendu dans son sang, il passa chez le général Doucet, chef de l'état-major. Après quelques mots sur les circonstances, il lui remet une lettre à son adresse, où le nouveau gouvernement le maintenait avec éloges dans ses fonctions, lui traçait la marche et lui recommandait d'écarter l'adjudant Laborde, assez maltraité dans cette partie des instructions. Cet officier, qui assistait à la lecture de cette lettre, prit de l'humeur, apostrophant le soi-disant général Lamotte, lui soutenant qu'il est Mallet, de plus prisonnier d'état, et point du tout commandant de Paris. Mallet ne pouvait s'arrêter un seul instant, ni subir d'explication, sans être perdu. Il prit donc pour toute réponse son pistolet et allait mettre M. de Laborde hors de la discussion, quand le général Doucet, lui retenant le bras, le conjura d'agir avec modération et fit éloigner Laborde.

L'on s'étonnera qu'en ce moment de crise, un homme, déterminé à ne rien ménager, n'ait point tenté les moyens de force, en appelant les soldats qui étaient à portée de sa voix, quoique en dehors. Mais, soit qu'il les jugeât peu disposés à des violences, déjà émus par le meurtre du comte Hullin; soit qu'il comptât être bientôt dégagé par les succès du général Lahorie, il se calma; même il tomba dans un état passif et équivoque, ne parlant plus en maître; cependant non encore déchu ni désarmé, et plutôt contenu sur une voie de fait, que méconnu dans son autorité, il se promenait silencieux par la chambre, portant souvent ses regards sur la place Vendôme, comme dans l'attente d'un dénoûment en sa faveur.

De son côté, le jeune Boutreux, laissé préfet de police, sans nouvelles, mais non sans inquiétudes, se servit de son pouvoir pour se tirer de son hôtel, malgré ses soldats, et aller au dehors à la découverte. Il n'eut garde d'y rentrer, et s'enfuit le jour même à dix lieues de Paris, où il fut pris peu de jours après.

Quant à l'autre préfet Boccheciampe, on le vit rôder en curieux autour de l'Hôtel-de-Ville et du ministère; pendant ce temps d'arrêt de Mallet et de ses trois autorités postiches, les autres chefs du ministère, restés libres, couraient chez l'archi-chancelier, chez le ministre de la guerre et à la caserne de la garde. En même temps M. Pâques, inspecteur-général du ministère, venait par hasard à l'état-major pour s'entendre sur le transférement du général Guidal à Toulon. Instruit par M. Laborde, et bien sûr qu'aucun ordre n'a été donné pour la liberté de Mallet, il monte avec précipitation, ressaisit son prisonnier et vole avec M. Laborde pour arrêter Lahorie et délivrer le ministre.

La mystification touchait à sa fin. Bientôt les autorités captives reprirent leur action; Mallet, désarmé, fut amené par sa troupe au ministère et son portefeuille saisi. La cohorte, éclairée sur sa fâcheuse méprise, livra Lahorie et se laissa renvoyer à la caserne, criant *vive l'empereur* dans ces rues qu'elle remplissait le matin du bruit de sa mort. On eut plus de peine à ramener à l'ordre les pelotons épars de l'autre régiment, qui persistaient à obstruer les barrières. Ils ne comprenaient rien à ces contre-ordres, précisément parce qu'ils étaient officiels; cette fois, ils se croyaient joués. L'apparition de M. le baron Pasquier, rentrant libre à son hôtel, et reconnu par les soldats qui l'avaient arrêté, causa un tumulte parmi eux. Ils coururent aux armes et l'on crut un moment que la sédition vaincue reprenait de nouvelles forces. Sur l'avis qui nous en vint au ministère, Lahorie fut mis à l'écart quelques momens, de peur qu'une irruption ne vînt le délivrer. Tout cela ne dura guère.

Mais il serait difficile d'exprimer l'étonnement de ce général, quand il se vit assailli par M. Laborde et M. Pâques qui lui révélèrent sans ménagemens sa situation. En moins de quatre heures, devenu à l'improviste de prisonnier d'état, ministre; de ministre, conspirateur sans s'en douter ; chargé de fers devant les mêmes soldats qui l'ont délivré, et changeant encore une fois d'hôtel et de prison avec le ministre, son ami, qu'il vient de renverser, il ne put proférer que ces mots : « Quoi ! Mallet n'était donc pas...? » La réponse l'accabla de confusion et d'horreur. Guidal, échappé au moment de la réaction, fut repris dans la soirée.

Ainsi s'évanouirent les rêves de cette nuit. Tout rentra dans l'ordre, et l'on n'eut plus qu'à s'occuper à approfondir cette machination, à en juger le chef et ses trop malheureux complices, s'il faut nommer ainsi des hommes si étrangement dupés.

On assure que Mallet dit à Lahorie, la première fois qu'ils se virent, marchant attachés ensemble à la prison : « Général, c'est votre indécision qui nous a mis ici ! » Il entendait sans doute que Lahorie aurait dû déployer toute sa puissance ministérielle, et traiter les choses comme lui-même avait fait sur le comte Hullin. Mais Lahorie se croyait bien ministre, et non pas l'agent aventuré d'une chimère. Pouvait-il songer à débuter par des actes sanguinaires, comme Mallet qui, connaissant toute la futilité de son moyen, devait brusquer tout sans ménagemens ? C'est une surprise assez hardie, faite à des complices, que de les enlever à la volée, et pour ainsi dire les improviser au moment même de l'action, en leur présentant son mouvement comme une affaire déjà faite, où ils n'ont plus qu'à recueillir. Il s'épargnait par-là les irrésolutions, les indiscrétions. Mais aussi les agens, trompés, ont mal connu leur terrain et n'ont pu entrer dans le véritable esprit de l'entreprise. De là, l'immobilité de l'inconnu Boutreux à la préfecture, l'inutilité du Corse Boccheciampe à l'Hôtel-de-Ville ; le rôle passif du général Guidal et des officiers de la cohorte; le calme de Lahorie, qui, au lieu de monter à cheval et d'électriser cette troupe, même avec la cave du ministre, ne quitte son cabinet que pour aller en carosse à une vaine assemblée de l'Hôtel-de-Ville; tandis qu'au contraire, Mallet frappait à mort le général Hullin, et dirigeait son second feu contre Laborde.

Ainsi, l'inaction forcée de Mallet, l'inertie volontaire et raisonnée des autres, ont fait retomber cette conception dans le vide d'où elle était sortie, comme une trombe d'air s'affaisse dès que son mouvement est interrompu. Les bases de l'opération furent donc à faux et contradictoires, puisque pour le chef c'était une révolution à faire, et que pour ses agens c'était une révolution faite, une simple prise de possession.

Mais quand bien même ceux-ci, une fois engagés, eussent voulu poursuivre avec audace et à toute outrance, comment, avec une troupe abusée et mal armée, résister au choc de la garde, qui montait à cheval, et au choc non moins terrible de ces paroles : « Bonaparte n'est pas mort !... Soldats, vous êtes dupes d'une farce ridicule !...» Alors les trois généraux pouvaient se faire tuer en désespérés; mais les soldats se seraient plutôt saisis d'eux aux cris de *vive l'empereur !* que de tirer l'épée pour une fable où ils n'avaient ni intérêts ni passions.

On a dit que le désastreux bulletin de Russie, qui arriva juste sur cette crise, aurait pu lui donner de la consistance en lui livrant pour auxiliaires tous les mouvemens de l'exaspération publique. D'autres ont écrit : *Deux heures de plus, et Mallet était le maître, et le colosse impérial s'écroulait.* Mais est-il vrai qu'à cette époque la mort même de Napoléon eût amené aussitôt une révolution dans le sens de Mallet ? Est-ce la république qui a renversé l'empire ou qui a recueilli son héritage ? Qu'eût donc produit la supposition bientôt démentie de cette mort ? La risée et l'abandon pour son auteur, pour ses dupes le trouble et le découragement. On ne remue pas les masses aujourd'hui, on ne crée pas une dictature avec des déguisemens, un nom d'emprunt et quelques meurtres.

Lorsque tout Paris aurait su en peu d'heures

que le sénat n'avait tenu aucune assemblée, ceux qui croyaient n'obéir qu'à son autorité auraient-ils persisté? D'autres seraient-ils venus se joindre à eux? Mallet s'en flattait, mais en vain. En effet, le vrai général Lamotte, dont le nom avait joué un si grand rôle la nuit, mandé au ministère, entra comme je causais avec Mallet. Je pus m'assurer qu'ils ne se connaissaient pas même de vue. Le premier, venant d'Espagne, était descendu dans l'hôtel où logeait madame Mallet. Sans cette circonstance fortuite, qui ne donna lieu à aucune communication, son mari n'y eût pas songé. Sur ce que je lui observai du peu de fond qu'il pouvait faire sur des associés inconnus, Mallet me répondit en souriant : « Il ne me fallait aujourd'hui que des noms ; *Si j'avais réussi,* les gens me seraient bien venus. » Voilà en un seul trait tout le système de l'homme. Chacun peut le juger, surtout en se rappelant que dans son acte sénatorial d'organisation, MM. Alexis de Noailles et Mathieu de Montmorency se trouvent nommés membres du directoire exécutif!

Napoléon, cependant, supposa à cette conception une bien autre étendue, et une plus grande importance. En l'apprenant dans sa retraite de Moscou, et y voyant figurer Lahorie, ancien adjudant du général Moreau, ses premiers mots au prince Berthier furent : « Moreau croise devant le Hâvre! » Aperçu profond où il ne se trompait que d'une année (1). C'est l'été suivant que Moreau vint d'Amérique au quartier-général ennemi. Napoléon ne s'attacha pas moins à retourner l'affaire de tous côtés pour y trouver un fond, des connexions, une ramification d'élémens réels. Les militaires abondaient assez dans ce sens, ne songeant qu'à détourner tout le tort sur le civil. C'est une lutte qui existe encore, et se retrouvera long-temps dans les mémoires qui paraîtront sur l'empereur. De même aussi, en supposant un large complot, tous les rapporteurs avaient beau jeu sur l'imprévoyance de cette police qui se laissait enlever dans ses quartiers. Enfin, cela dispensait de s'avouer des vérités fâcheuses, savoir, qu'une armée si fidèle et un si puissant

(1) Je tiens cela du général Hullot lui-même, beau-frère de Moreau. Il était alors attaché au quartier impérial, et à ce sujet le prince Berthier lui recommanda d'éviter avec soin de se montrer devant l'empereur.

empire, fussent à la merci d'un faux et du rêve d'un seul homme !

Un fait frappait l'empereur : cette seule fois dans toute la campagne, l'impératrice ne reçoit point de courrier de lui. Les ministres l'avaient quittée à minuit, assez inquiets de ce silence... et c'est deux heures après que Mallet commençait sa marche, coïncidence que Napoléon ne voulait pas attribuer au hasard.

Mais enfin cet esprit si pénétrant ne put dans tout ceci découvrir autre chose que l'élan d'un homme mu par une pensée assez forte pour maîtriser son jugement, et lui inspirer, avec une profonde conviction de succès, le mépris de la mort. N'est-ce pas une pensée semblable qui deux ans plus tard le poussa lui-même de l'île d'Elbe à Paris? On voulut de même y voir l'effet d'une vaste et infernale machination. Non: un dépit de détresse financière fut peut-être des deux côtés le premier stimulant; car Mallet aussi se trouvait alors au bout de ses ressources. Et puisque j'ai hasardé cette comparaison, que ceux qui prétendent que Mallet, avec deux heures de plus, restait maître de tout, voient donc Napoléon tomber après le premier revers, quoiqu'il eût d'emblée repris sa place, et pendant trois mois rassemblé tous ses moyens! Tout prestige, qu'il soit de hasard, de témérité ou de grandeur, est de sa nature éphémère.

Forcé par l'évidence à reconnaître *la conspiration de Mallet tout seul,* il convoqua les diverses sections du conseil d'état. Il ouvrit la séance par un très long signe de croix, en disant : « Messieurs, il faut croire aux miracles!.. vous allez entendre le rapport de M. le comte Réal. »

L'exposé étant terminé, l'empereur s'étendit avec gravité et amertume sur notre manque d'habitude et d'éducation en fait de stabilité. « Triste reste de nos révolutions! au premier mot de ma mort, sur l'ordre d'un inconnu, des officiers mènent leur régiment forcer les prisons, se saisir des premières autorités! Un concierge enferme les ministres sous ses guichets! Un préfet de la capitale, à la voix de quelques soldats, se prête à faire arranger sa grande salle d'apparat pour je ne sais quelle assemblée de factieux! Tandis que l'impératrice est là, le roi de Rome, les princes, mes ministres et tous les grands pouvoirs de l'état! Un homme est-il donc tout ici ? Les institutions, les sermens, rien ?... Frochot est un honnête homme, dévoué. Mais son devoir était de se faire tuer sur les marches de l'Hôtel-de-Ville... Il faut un grand exemple à tous les fonctionnaires. »

La destitution de ce préfet, solennellement prononcée, fut la dernière rigueur qui suivit cette malheureuse équipée. Dès le 28 octobre, les trois généraux, le colonel et le major de la cohorte avaient subi l'exécution militaire avec quatre officiers de leur corps et deux du régiment de Paris. Boccheciampe, qui s'était laissé nommer préfet de la Seine, périt avec eux. Le jeune Boutreux, installé préfet de police, fut arrêté après et jugé seul. Le colonel Rabbe obtint un sursis, que l'empereur convertit en grâce, en considération de ses anciens services. Le faux aide-de-camp, caporal Rateau, eut la même chance, par égard, je crois, pour son oncle, procureur-général à Bordeaux. Ainsi, sur vingt-cinq accusés, dix furent absous et quinze condamnés, dont deux graciés.

Le général Mallet marcha à la mort avec son calme accoutumé, mêlé d'un peu d'ironie, adressant aux spectateurs, et distinctement aux jeunes gens des allocutions conformes à sa cause; tandis que ses compagnons, non moins fermes, restaient muets, s'étonnant encore d'aller au supplice pour un complot et avec un homme qui leur était également inconnu!

IDÉES DE COMPLOTS

DANS LE MILITAIRE.

Le premier régiment des gardes d'honneur. — Le comte Philippe de Ségur. — La Vendée et la Bretagne. — Charette. — Association. — La perte de l'empereur est décidée. — Laroche-Jacquelein. — Insubordination et violences. — Générosité de M. de Ségur. — Influence des conspirations sur l'abdication de Napoléon. — Entretien de M. de Laroche-Jacquelein et de M. de Ségur. — Complot en Champagne. — Un pamphlet de 1802. — Prédiction. — Complot de généraux en 1814. — Bataille de Dresde. — Vandamme. — Projet de l'empereur de menacer Vienne et Berlin. — Il y renonce. — Ses motifs. — Sinistres pronostics. — Mot de l'empereur. — Mot des conjurés. — La garde impériale et le duc de Dantzick. — L'empereur est instruit. — Son calme. — Les *Phyladelphes* et les *Olympiens*. — Le colonel Oudet. — Les renseignemens sur sa mort. — Le général Vasserot.

Après tant de trames ourdies à l'intérieur et à l'étranger contre Napoléon, on peut se demander si l'armée a été inaccessible à tout sentiment hostile envers sa personne ou son gouvernement; je vais dire tout ce qui est à ma connaissance sur ce sujet.

On en découvre d'abord quelques nuances dès le commencement du consulat, dans une classe d'officiers qui, n'ayant pas combattu sous ses yeux en Italie et en Egypte, se croyaient moins favorisés, quoique Napoléon ne fût point du tout exclusif. Cette sorte de schisme, plus prononcé dans l'armée du Rhin, sembla se personnifier dans la popularité glorieuse de Moreau, trop peu entreprenant par lui-même pour lui donner une consistance d'action.

J'ai parlé aussi de sourdes menées, d'opposition et presque d'agression, que le concordat souleva à Paris, parmi le grand état-major et au quartier-général de l'armée de l'ouest à Rennes. Ceci parut se rattacher plus particulièrement à Bernadotte; et quand, treize ans après, Bernadotte, assuré d'un trône, eut attiré à lui Moreau de son exil, ce ne fut qu'un éclat tardif de ces vieux fermens qui pourtant n'eut alors aucun effet sur l'armée.

Mais j'ai à citer deux faits plus positifs, quoique obscurs et isolés, où des militaires conçurent des pensées contre la sûreté de l'empereur. C'était en 1814; même but des deux côtés, mais dans un esprit tout-à-fait opposé;

et l'on va voir encore les deux élémens contraires qui assaillirent les premières années du consulat, se réveiller aux derniers mois de l'empire.

PREMIER RÉGIMENT DES GARDES-D'HONNEUR,

A TOURS, 1814.

Napoléon avait appelé des fils de familles aisées à former une élite de cavalerie sous le nom de *gardes-d'honneur*. Le premier de ces corps, organisé à Tours par le comte Philippe de Ségur, son colonel, s'était recruté, en partie, dans la Vendée et la Bretagne. Le nom même de Charette y était inscrit; et les traditions de la guerre civile se mêlaient dans quelques esprits aux souvenirs de famille. Des chants et des propos imprudens, sur leur route jusqu'à Tours, éveillèrent aussi la surveillance; il ne fut pas difficile, parmi une jeunesse dissipée, d'apercevoir des intentions plus qu'équivoques, et bientôt de s'assurer qu'elles étaient montées sur le ton d'un parti pris et décidé. Il s'y était formé une association qui se fixa à une idée principale, la perte de l'empereur. Par leur titre de gardes-d'honneur, ils supposaient qu'ils feraient un jour son escorte, et il était comme arrêté entre eux, qu'une fois en campagne, dans quelque marche ou rencontre à l'écart, on saisirait l'occasion la plus favorable pour *l'enlever*, c'était l'expression des plus scrupuleux.

Une circonstance particulière vint fortifier ces dispositions et ne pouvait manquer d'ajouter aux soupçons de l'autorité. M. Louis de Laroche-Jacquelein (celui qui demeurait près de Bordeaux, et qui a péri dans le dernier combat des Vendéens à Saint-Giles, en 1815) fit un voyage à Tours. Il eut des communications avec le jeune Charette et d'autres gardes-d'honneur, parens ou amis. Ceux-ci continuaient leur association, et cherchaient même à l'étendre.

Le ministre de la police, duc de Rovigo, prit enfin le parti d'y mettre ordre. Dans une lettre confidentielle à M. de Ségur, et sans lui faire part de ses motifs, il indiqua les noms de plusieurs gardes qui devaient être envoyés en poste à Paris, séparément, sans éclat, chacun avec un seul gendarme. Après leur interrogatoire, nouvel ordre d'en envoyer encore un autre. M. de Ségur, étonné de ces mesures, mais fidèle à s'y conformer, chargea un officier de lui envoyer ce garde après la parade. Mais il arriva qu'on le fit sortir des rangs à la parade même; ce qui fut remarqué. Les jeunes associés, ne le voyant plus revenir, en prirent de l'ombrage, ainsi que de l'absence prolongée des premiers. Après quelques colloques très animés, deux coururent chez le colonel et lui demandèrent avec hauteur, *ce qu'étaient devenus leurs camarades*..... Sur la réponse ferme de M. de Ségur, l'un d'eux lui tira un coup de pistolet, presque à bout portant, mais sans l'atteindre.

Pendant ce temps, le ministre faisait rechercher M. de Laroche-Jacquelein, qui disparut de chez lui. L'administration ayant pénétré à fond toutes ces menées, n'y vit que l'effet de certaines suggestions sur de jeunes têtes. M. de Ségur eut la générosité d'intervenir vivement en faveur de celui qui avait violé sur son général toute subordination. On se borna à le retenir à Sainte-Pélagie, avec quatre ou cinq des plus compromis. Deux mois après, ils en furent retirés comme des victimes de la tyrannie, par l'invasion étrangère.

Leur projet, réprimé à temps, n'aurait pas figuré dans mes récits, d'abord sans cette esclandre qui mit en danger la vie de leur chef; et, d'un autre côté, je me suis formé l'idée que ce fait, avec celui du général Mallet et l'autre dont je vais parler, ont eu une véritable influence sur les déterminations suprêmes de l'empereur à Fontainebleau. En effet, de tels préludes, jusque dans son armée, avec les avanies civiles qui suivraient un traité fâcheux, rendaient bien précaires ses résolutions, soit pour la paix, soit pour une guerre de partisans, ses deux dernières ressources : il préféra l'abdication à la guerre intestine.

M. de Ségur, que j'eus occasion de rencontrer lors de sa publication de la *Guerre de Russie*, m'a dit, qu'à la restauration, dans une grande revue au Champ-de-Mars, M. de Laroche-Jacquelein l'aborda nettement sur cette affaire de Tours. Il lui parla de la part qu'il y avait prise, en homme persuadé que, ralliés tous deux maintenant à la même cause, il ne pouvait plus y avoir qu'une opinion là-dessus. M. de Ségur se montra d'un tout autre avis. Et ensuite, dans un dîner d'apparat, où l'on revint sur le même sujet, il déclara assez haut que : « Détourner des militaires de leur drapeau, lui semblait un précédent toujours dangereux, même pour le régime de la légitimité. »

COMPLOT EN CHAMPAGNE,

DANS LA GUERRE DE 1814.

« La paix se trouvera au fond du sépulcre de Bonaparte ! » — Un pamphlet obscur hasardait en 1802 ou 1803 cet horoscope sur la ruine de Napoléon. En effet, dans les dix années qui suivirent, la continuité des guerres (soit qu'il en fut l'auteur, ou seulement l'occasion et le prétexte) sembla attachée à sa personne. De là, le sentiment dans les familles, et aussi dans les hauts grades de l'armée que la paix ne pouvait pas être son ouvrage, que même il y était un obstacle et le seul obstacle. Puis enfin, en 1814, dirai-je quels esprits égarés mettaient leur espoir pour une paix immédiate dans le boulet qui le frapperait en Champagne?

Ce qu'ils attendaient vainement d'un coup de canon, est-il vrai qu'un complot de plusieurs généraux ait été formé à l'armée pour la réaliser? Ce que je raconterai, à ce sujet, a été confié depuis à un ami par le maréchal duc de Dantzick. Mais je dois reprendre les choses de plus loin.

La défection morale de certains officiers principaux de l'empereur date de ses malheurs en Russie. Elle prit un caractère de résistance et d'humeur sombre après la bataille de Dresde, suivie de l'échec du général Vandamme, en Bohême. Napoléon eut alors l'idée de faire dans la Saxe le pivot de toutes ses opérations, laissant tenter aux ennemis le chemin de la France, s'ils l'osaient, tandis que lui-même occuperait leurs derrières, en s'appuyant sur les places de l'Elbe, de la Prusse et sur les débouchés des montagnes de la Bohême, menaçant à la fois, Vienne et Berlin. C'est, je crois, par une manœuvre de ce genre, que le Grand-Frédéric laissa prendre et brûler sa capitale, pour tenir en arrière la campagne et dicter ensuite la paix à la coalition ennemie.

Mais Napoléon vit trop qu'il serait mal secondé; la terrible expérience de Russie était trop récente, et l'audace de sa nouvelle conception ne parut à plusieurs de ses compagnons qu'un éternel adieu à la France et à leurs familles. Un jour, à Dessaw, M. Fain, venant travailler au cabinet, entendit un maréchal qui proférait, au milieu d'un groupe rassemblé là pour l'ordre, les plus sinistres pronostics. Le secrétaire, frappé de l'impression que pouvaient en recevoir des officiers venus des divers corps d'armée, crut devoir en prévenir l'empereur, pour qu'il congédiât au plus tôt une pareille audience. Napoléon se contenta de lui répondre : « Que voulez-vous, ils sont devenus fous. » Et précisément ils en disaient autant de lui-même.

En 1814, vers la fin de la campagne sous Paris, plusieurs d'entre eux, mus sans doute par des impressions plus décisives reçues de cette capitale effrayée, se fixèrent à l'idée de *le faire disparaître!* C'était le mot ; et en effet, il s'agissait de le frapper au fond de quelques défilés, ou d'un bois écarté; de creuser eux-mêmes un trou et d'y ensevelir son corps sans qu'on pût en découvrir la moindre trace.

Telle fut peut-être la fin de Romulus : et dans des temps plus modernes, la mort de deux guerriers fameux, Gustave-Adolphe et Charles XII a laissé quelques soupçons sur des seigneurs de leur alentour. Le même sort menaçait Frédéric dans un temps où son héroïque obstination refusait aux vœux de ses peuples, aux larmes de toute sa famille, une paix ardemment désirée.

Mais, comme on redoutait le ressentiment et les recherches de la garde impériale, on jugea à propos de s'ouvrir à son chef, le duc de Dantzick, qui répondit : « Un moment, messieurs, je commande ici, et je vous préviens que je le défends, ou je le venge ! » Le lendemain, nouveau message ; c'est un général de brigade qui en fut chargé : « Ceci est trop fort! reprit le maréchal; puisque vous persistez, je vais prévenir l'empereur. Ainsi, renoncez, ou je parle! » L'envoyé demanda vingt-quatre heures pour la réponse. Le croira-t-on? elle fut que l'on consentait à ce qu'il fît part à Napoléon de la résolution prise contre lui; que même on l'y engageait expressément dans l'espoir que cet esprit, jusqu'alors inflexible, en serait peut-être ébranlé. » Mais Napoléon, sans paraître surpris ni ému, fit au maréchal sa réponse ordinaire : « Je sais que j'ai affaire à des fous! » Cependant il dut mander près de lui le général de brigade, porteur de paroles ; mais je n'ai rien su de cet entretien, j'ignore aussi le nom du général.

Il est certain que Napoléon ne se faisait pas illusion sur tout ce qui le menaçait au milieu d'amis découragés et presque sans espoir, et d'ennemis qui avaient cessé de le craindre. Un jour de cette triste campagne, il remontait à cheval assez péniblement dans un champ isolé, le maréchal Lefèvre se mit à le soulever comme pour l'aider. L'empereur se retourna très vivement, mais sa physionomie se rouvrit au même moment par un sourire et un remercîment affectueux au maréchal.

Voilà tout ce que j'ai connu de mauvais desseins dans l'armée, et j'en prends occasion de démentir ce qu'on a imprimé d'une ligue secrète, soit de *Philadelphes*, soit d'*Olympiens*, ou tout autre nom qu'on voudra, dont le colonel Oudet aurait été long-temps l'âme invisible et le génie tout-puissant. Comme l'auteur a écrit cela avec gravité, je croirai que c'est un cadre fictif où il a voulu réunir les principales contrariétés qui ont traversé la carrière de Napoléon. Quoiqu'il soit singulier d'attribuer aux combinaisons d'un seul homme assez obscur, tant d'œuvres nées d'élémens étrangers entre eux et même opposés.

Selon d'autres écrits, Napoléon aurait fait fusiller à l'écart ce colonel, tout blessé qu'il était, à la fin de la journée de Wagram. Deux hommes de son régiment se tuèrent sur sa fosse ; un lieutenant, d'un coup de pistolet, un sergent avec son sabre ! Voici la réponse à tout cela de la main de M. le lieutenant-général Vasserot, alors commandant en second au même régiment, où il a remplacé M. Oudet.

L'original est en ma possession :

« Jacques-Joseph Oudet a été blessé à Wagram, 6 juillet 1809 ; a été transporté à la maison du baron d'Arnstein, dans un faubourg de Vienne ; y est mort des suites de sa blessure peu de jours après; a été enterré dans le cimetière de ce faubourg. Les officiers de son régiment, le 17ᵉ de ligne, ont fait placer une pierre sur son tombeau. » Il est ajouté en *post-scriptum* : *Nul ne s'est tué sur sa fosse!*

ABDICATION

DEMANNDÉE PAR NAPOLÉON

A LA MAISON DE BOURBON.

Louis XVIII et *Monsieur* Bonaparte. — Frédéric-Guillaume roi de Prusse. — Son amitié pour Napoléon. — Négociation pour l'abdication des Bourbons. — Elle est sollicitée par le roi de Prusse. — Mission de M. de Meyer son conseiller. — Ses instructions. — Je les transcris sur une copie de la main de Louis XVIII. — M. Talleyrand et l'abbé Edgeworth de Firmont. — Lettre de Louis XVIII à Napoléon. — Lettre du même au roi Frédéric-Guillaume de Prusse. — Dissimulation de Louis XVIII. — Anxiétés supposées. — Incompatibilités. — La révolution et Louis XVIII. — La légitimité et Bonaparte. — Rapprochemens. — Faux calcul de Louis XVIII. — Six mois après. — Débarquement de conjurés. — Un prince Bourbon doit les commander. — La lettre de Louis XVIII circule dans le faubourg Saint-Germain. — Je suis appelé à Saint-Cloud. — Faut-il nier la lettre ou la laisser tomber? — Réponse de Napoléon. — 1814. — Le Roi de Prusse et Alexandre. — Ingratitude des Bourbons à leur égard. — Reconnaissance outrée de Louis XVIII pour l'Angleterre. — Le général Laharpe.

Louis XVIII, après avoir résidé depuis 1791 à Coblentz, Hanau, Vérone, Blankembourg, Mittau et Mémel, avait trouvé, en 1799, un dernier asile à Varsovie, alors sous les lois prussiennes.

Napoléon gouvernait la France. Trois ans lui avait suffi pour la réconcilier par des lois sages et fermes avec elle-même, et par la paix générale avec toute l'Europe.

Au commencement de 1803, la pensée lui vint, *si même elle ne lui fut suggérée par l'amitié du roi de Prusse,* d'engager le chef de la maison de Bourbon à transiger de ses droits à la couronne, moyennant de justes indemnités pour lui et toute sa famille.

Les trois pièces suivantes établissent nettement le fond de la question, les dispositions et les motifs de part et d'autre, et l'issue de cette négociation. Frédéric-Guillaume voulut bien en être l'intermédiaire, et confia la mission à son conseiller, M. de Meyer, avec d'amples instructions, que l'on peut croire inspirées par Napoléon même. Je les transcris sur une copie que Louis XVIII en a dressée de sa main, en la faisant certifier conforme à l'original par deux principaux officiers de sa maison : personne, je crois, n'en contestera l'authenticité.

Berlin, 10 février 1803.

INSTRUCTIONS DU ROI DE PRUSSE A M. LE PRÉSIDENT DE MEYER.

« Quoique vous soyez déja instruit par moi et par mon ministre de l'objet qui vous a fait appeler à Berlin, et de la manière dont je l'envisage, je vais vous rappeler ici, avec le fait, quelques observations essentielles qui devront surtout vous guider.

« Le premier consul de la république française m'a fait une ouverture aussi intéressante que délicate. Tant qu'il a pu croire encore son autorité exposée aux chances de la fortune ; tant que la guerre a entretenu les souvenirs et les haines, il n'a pu s'occuper qu'avec beaucoup de réserve des victimes de la révolution. On ne peut disconvenir, cependant, que, même dans des temps moins calmes, il n'ait fait pour les émigrés et pour le clergé tout ce que la prudence ne défendait pas. Mais, que sont les pertes de quelques particuliers comparées au sort de cette illustre maison, qui tant de siècles avaient occupé le trône de France, et qu'une destinée inouïe en avait précipitée? Les Français se devaient sans doute de ne pas oublier jusqu'au bout ce qu'elle leur fut; et, quoique entraînés d'événemens en événemens vers un ordre de choses qui ne se détruirait plus sans ramener les mêmes horreurs, tôt ou tard ils ont dû croire leur honneur intéressé à ne pas abandonner toujours à des mains étrangères le sort de leurs anciens maîtres. Le premier consul ne demande pas mieux, aujourd'hui, que de payer la dette de la nation. S'il n'est plus en son pouvoir de revenir sur le passé, il peut offrir aux princes l'indépendance et des moyens de splendeur; il peut leur assurer des apanages brillans, et en les sanctionnant par des traités et des garanties solennels, mettre du moins cette famille infortunée à l'abri de nouveaux revers.

« Voilà ce que veut Bonaparte. Sans doute, ces intentions qui honorent son caractère ne lui seraient pas pardonnées s'il voulait gratuitement s'y livrer; si les sacrifices auxquels il est prêt à consentir n'avaient pour but et pour prix de mettre le dernier sceau au nouvel ordre de choses. La condition des offres serait donc la renonciation libre, entière et absolue de tous les princes de la maison de Bourbon à leurs prétentions au trône, ainsi qu'à toutes les charges, dignités, domaines et apanages qui seraient fondés sur ce premier titre.

« Plus la discussion était délicate, plus le premier consul a dû l'être sur le choix des moyens. La conséquence et la loyauté finissent toujours par commander la confiance. Il n'a pas craint que je compromisse la sienne ; et comme c'est dans mes états que le chef de la maison de Bourbon se trouve dans ce moment-ci, il m'a invité à lui transmettre ses intentions.

« Je puis juger la question sous quelques rapports ; elle m'est étrangère sous d'autres. Mais quel qu'en soit le résultat, je n'ai pas dû me refuser à la communication qu'on me demande. S'il était dans la façon de penser des princes de tirer avantage des offres qu'on leur adresse, eux-mêmes auraient pu me faire un reproche de n'en avoir pas été l'organe ; et quelque éloignés que soient les intérêts des deux partis, ce n'est pas moi qui les éloignerai davantage.

« Pour m'acquitter de l'office en question,

j'avais besoin d'un homme qui fût sur les lieux, afin que les observateurs ne conçussent pas de soupçons précoces; d'un homme qui, déjà connu de la maison de Bourbons, inspirât la confiance par sa place et par son caractère. J'ai fait choix de vous, sûr que vous sentiriez tout ce que cette commission a de délicat en elle-même et d'intéressant, même pour moi, pour moi qui, inébranlable sur les principes dès que la force des choses et mes devoirs de souverain les ont une fois déterminés, ai toujours voué aux Bourbons le sentiment d'intérêt qui leur est dû.

« La première proposition du général Bonaparte est très générale, et ne pouvait être que telle. Il devait s'assurer d'abord de l'accueil que rencontreraient des ouvertures plus précises. Il ne s'agit donc aujourd'hui que de constater la façon de penser des princes sur la question même, s'il est des offres qui puissent obtenir d'eux le sacrifice des espérances qu'ils nourrissent peut-être encore; s'ils ne rejettent pas tout-à-fait les avantages réels qu'il s'agit de mettre à la place, j'en instruirai sur-le-champ le premier consul. Alors je ne tarderai pas à avoir des données plus précises sur les intentions de celui-ci. Je vous les transmettrai successivement; et vous, à votre tour, vous poursuivrez les communications commencées.

« Rendu à Varsovie, vous laisserez passer quelques jours sans voir leurs altesses royales, ni aucun de leurs entours. Quelque peu vraisemblable qu'il soit qu'aucune personne au monde suppose à votre voyage un objet qui les regarde, vous en serez plus sûr de dérouter les curieux. D'abord après, vous vous occuperez de faire parvenir au comte de Provence l'avis important que je vous confie. J'abandonne absolument à votre discernement le choix des formes dont vous voudrez vous servir, ou celui de l'organe que peut-être vous préférerez. Car ici encore, on doit aux princes de justes ménagemens, l'infortune est prompte à s'effaroucher, et il s'agit d'un objet qui touche à leurs affections les plus chères. Peut-être vaudra-t-il mieux préparer insensiblement le comte; vous connaissez ceux qui possèdent sa confiance; vous jugerez de ce qu'il sera possible d'obtenir par eux; car, ce que je crains surtout, c'est que les calculs les plus justes, les intérêts les mieux prouvés, n'aient peine à trouver accès dans un cœur que les malheurs ont aigri. Et il importe, avant tout, que la première réponse ne porte pas un caractère fait pour rendre à jamais ineffaçables les ressentimens, et impossibles des tentatives nouvelles.

« Les motifs dont vous pourrez faire usage pour appuyer les offres du premier consul sont si évidens, si forts, qu'il semble à peine nécessaire de vous les retracer.

« Le premier point de vue, je dois l'abandonner aux princes. Il est un sentiment d'honneur qui, dans toutes les situations, conserve son empire, ou qui même s'exalte dans l'adversité; il sera de tous le plus difficile à vaincre, mais une réflexion essentielle le combattra. Le gouvernement qui veut traiter avec les Bourbons n'est point celui qui les a dépouillés. Bonaparte est l'ouvrage de la révolution, mais il en était l'ouvrage nécessaire, mais il ne se range point parmi ses premiers auteurs. Loin d'avoir renversé le trône, il l'a vengé, et tous les partis qui ont désolé la France ont disparu devant sa fortune. Ses plus grands ennemis, s'ils partent pour le juger de l'époque où il a saisi les rênes de l'état, conviendront qu'alors il fut le bienfaiteur de la France. Il y aurait, ou je me trompe, il y aurait de l'exaltation à n'écouter qu'un ressentiment aveugle, quand l'objet n'en existe plus, à vivre dans le passé, quand il s'agit de fixer enfin l'avenir. Et cet avenir, quel est-il pour les princes? J'honore la fidélité qui ne transige point avec ses devoirs; et s'il est quelques Français encore qui, dévoués à leurs anciens maîtres, se roidissent contre les événemens, se refusent aux calculs de la raison et préfèrent à une résignation qui les désespère des illusions qui les flattent, je les plains, mais je les juge. Mais les princes n'ont de devoirs qu'envers eux-mêmes; ou s'ils s'en croient encore envers la nation française, après que celle-ci a rompu tous liens avec eux, c'est une raison de plus pour voir les choses telles qu'elles sont. La révolution qui les a exclus du trône est, dans les calculs humains, consolidée sans retour. Un gouvernement ferme a pris en France la place de ces factions éphémères, entre lesquelles le pouvoir avait flotté. La paix règne dans l'intérieur et règne au-dehors. Toutes les classes, fatiguées de dix ans de secousses, et instruites des maux qui accompagnent les révolutions, ont, avant tout, un besoin, celui du repos. Toutes tiennent à l'ordre actuel des choses; les unes par des espérances, qui n'étaient pas autrefois les leurs; les autres par la crainte de perdre ce qui leur reste. Le système entier des propriétés, tel qu'il existe aujourd'hui, est le résultat successif des différentes époques de ce période orageux; et un nouveau bouleversement effraie ceux-mêmes qui, dans le secret de leurs cœurs, pourraient former des vœux différens. Une main habile tient les rênes; une force armée immense les maintient. La religion a repris tout son éclat, ou n'ayant du moins subi dans son appareil extérieur que des modifications sanctionnées par le Saint-Siége, elle a calmé les consciences alarmées, elle les a intéressées elles-mêmes au nouvel ordre des choses, elle a ôté aux ennemis du gouvernement le dernier moyen de travailler contre lui dans l'ombre. Mais si, dans l'intérieur, rien n'annonce qu'il reste aux Bourbons un parti et des espérances, la voix des puissances de l'Europe s'est plus fortement prononcée. Toutes l'ont élevée pour cette famille illustre, tant que l'empire irrésistible des choses ne les a pas ramenés à d'autres devoirs. Toutes, aujourd'hui, ont reconnu la république; ce ne sont plus des relations passagères, dictées par le besoin du moment; ce n'est plus l'espérance ou la crainte qui transige avec l'ambition ou le danger, c'est un système nouveau, lié dans toutes ses parties, fondé sur les traités les plus solennels; et si ces derniers ne sont pas éternellement un jeu, l'honneur des souverains qui s'armaient, il y a dix ans, pour la cause des Bourbons, est lui-même engagé contre elle. Dans cet état de choses, se flatter d'un événement qui les rappelât au trône serait pour eux une illusion funeste. S'ils s'obstinent à la caresser, ils se privent d'avantages précieux dans leur abandon; et qui peut calculer encore jusqu'où cet abandon peut aller? La Providence a mis sur le trône de Russie un homme rare qui, avec les moyens que donne un empire immense, possède le cœur le plus noble; mais les descendans de Louis trouveront-ils toujours un Alexandre (1)? Et cette existence précaire ne doit-elle

(1) Allusion au subside de 300,000 fr. que l'empereur Alexandre faisait à Louis XVIII.

pas effrayer pour eux le chef de leur illustre maison? Aujourd'hui, que ses résolutions sont encore de quelque prix aux yeux du gouvernement français; aujourd'hui que les années n'ont pas encore frappé de prescription les titres de de sa famille, il peut obtenir de grands avantages, il peut se faire mettre sous des garanties respectables, il peut laisser à ses enfans un autre héritage que des espérances et des persécutions. Et le devoir lui-même, si les adhérens qui lui restent en France ont de justes titres sur son cœur, le devoir lui-même ne semble-t-il pas d'accord avec l'intérêt? Alors, seulement, quand les Bourbons auront prononcé sur les devoirs de ceux des Français qui paient leur fidélité, soit de l'exil, s'ils ont émigré, soit d'une existence pénible et dangereuse, s'ils sont restés dans leur patrie, le dernier prétexte de troubles aura disparu; ces menées obscures d'un zèle aveugle, toujours nulles dans le résultat, mais successivement funestes à tant d'individus cesseront; maint bon catholique ne tourmentera plus sa conscience de scrupules inutiles. La paix intérieure ne craindra plus ces atteintes vaines; et, pour prix des longs outrages dont on a accablé la famille des Bourbons, c'est elle qui aura sacrifié de justes ressentimens à ces respectables motifs; c'est elle qui aura consolidé le repos de sa patrie!

« Tels sont en partie les argumens que vous ferez valoir sur l'esprit du comte; j'attendrai avec impatience que vous m'en appreniez l'effet. S'il laisse la porte ouverte aux négociations, vous ne serez plus le seul qui y soyiez initié. D'un côté, le premier consul n'attend sans doute que ce moment-là pour y intéresser l'empereur de Russie; de l'autre, ce serait au comte de Provence à moyenner l'adhésion des autres princes. Je me réserve, dès lors, de vous adresser des instructions plus étendues, et en attendant je prie Dieu qu'il vous ait en sa sainte et digne garde.

« *Signé* FRÉDÉRIC-GUILLAUME.

« Certifié conforme à l'original,

« ALEX.-AUG. TALLEYRAND-PÉRIGORD,

« archevêque, duc de Reims.

« L'abbé EDGEWORTH DE FIRMONT,

« aumônier du roi. »

Le 28 février 1803, Louis XVIII remit au président de Meyer sa réponse dans la note qui suit, accompagnée d'une lettre particulière au roi de Prusse :

« Je ne confonds pas M. Buonaparte avec ceux qui l'ont précédé. J'estime sa valeur et ses talens militaires ; je lui sais gré de plusieurs actes d'administration, car le bien que l'on fera à mon peuple me sera toujours cher. Mais il se trompe s'il croit m'engager à transiger sur mes droits ; loin de là, il les établirait lui-même, s'ils pouvaient être litigieux, par la démarche qu'il fait en ce moment.

« J'ignore quels sont les desseins de Dieu sur ma race et sur moi ; mais je connais les obligations qu'il m'a imposées par le rang où il lui a plu de me faire naître. Chrétien, je remplirai ces obligations jusqu'à mon dernier soupir ; fils de Saint-Louis, je saurai, à son exemple, me respecter jusque dans les fers ; successeur de de François Ier, je veux du moins pouvoir dire avec lui : « Nous avons tout perdu fors l'honneur.
« *Signé* LOUIS. »

Et plus bas : « Avec la permission du roi, mon oncle, j'adhère de cœur et d'âme au contenu de cette note.

« *Signé* LOUIS-ANTOINE. »

A SA MAJESTÉ LE ROI DE PRUSSE.

« J'ai cru devoir mettre par écrit ma réponse aux offres qu'il a plu à votre majesté de me transmettre, et je prie M. le président de Meyer de la lui faire parvenir. Mais je ne puis me refuser à y joindre cette lettre, d'abord pour la remercier des expressions pleines d'amitié pour moi, qu'elle a ordonné à M. Meyer d'employer en s'acquittant de sa commisssion ; ensuite pour déposer dans le sein de votre majesté quelques réflexions que je n'ai pas cru devoir placer dans ma réponse.

« Non seulement la démarche actuelle de M. Buonaparte établirait mes droits, s'il était nécessaire, mais elle dévoile encore ses anxiétés, et je me félicite de les voir en des mains aussi augustes. Je sais tout le parti que je pourrais tirer de cet aveu. Mais, j'aime mieux garder le silence, si l'on ne me force à le rompre. C'est un égard que je crois devoir au souverain généreux qui m'accorde un asile dans ses états. La grande âme de votre majesté m'est trop connue pour ne pas séparer ses pensées des mesures que ses relations semblent lui dicter.

« Les rois, pour épargner à leurs sujets les horreurs de la guerre, ont pu céder à des circonstances impérieuses. Le malheur me prête son appui; je suis seul; c'est à moi à maintenir les droits de tous, en ne sanctionnant jamais une révolution qui finirait par renverser tous les trônes..

« M. Buonaparte pouvait marcher à la gloire; il a préféré la route qui conduit à la célébrité. Mais si jamais, écoutant la voix du devoir et de son véritable intérêt, il osait cependant s'en fier à ma seule parole, ce serait alors que je verrais avec joie votre majesté devenir médiatrice entre nous, et donner sa loyauté pour garant de nos engagemens réciproques.

« Je vais transmettre (ainsi que je l'ai déjà fait à l'égard de mon neveu) à mon frère et aux autres membres de ma famille l'ouverture qui vient de m'être faite.

«Votre majesté voit la réponse de mon neveu;

je mettrai les autres sous ses yeux aussitôt qu'elles me seront parvenues.

« Je prie votre majesté, etc., etc.

« *Signé* LOUIS. »

Au-dessous est écrit (comme aux pièces précédentes) de la main de M. de Talleyrand-Périgord : « *Certifié conforme à l'original :*

« *Signé* ALEX.-AUG. TALLEYRAND-PÉRIGORD,

« archevêque, duc de Reims.

Et plus bas :

« L'abbé EDGEWORTH DE FIRMONT (1)
« aumônier du roi. »

Ces documens, par la gravité du sujet et des formes, m'ont paru dignes d'être conservés. Trois souverains y sont en scène ; deux légi-

(1) C'est le confesseur qui assista Louis XVI à ses derniers momens.

times, dont un déchu; le troisième, haut par la fortune, cherche à se légitimer. Le plus beau rôle appartient à l'exilé, qui relève, dans la démarche de Napoléon, un aveu tacite d'usurpation; dans celle du roi de Prusse, une politique *dictée*, pour ne pas dire timide, tandis que lui-même leur livre son refus, comme une leçon à tous, et une sanction solennelle des droits inaliénables de la légitimité. Sa note est un modèle de dignité et de mesure. Frédéric-Guillaume insistait dans ses instructions pour que cette première réponse fût exempte d'irritation. Mais d'autres sentimens percent dans la lettre confidentielle au roi.

Ici Louis XVIII veut bien, par égard pour ce prince, ne pas user des avantages qu'on vient de lui donner, *à moins*, dit-il, *qu'on ne me force à rompre le silence!* Cependant, on n'a pas manqué d'imprimer et de répandre partout sa réponse, sans qu'elle ait produit aucun effet sensible.

Plus loin, il se plaît à découvrir les anxiétés secrètes de son puissant adversaire, et il en prend acte en les signalant au roi de Prusse: — Serait-il vrai que Napoléon ait eu ce faible, à propos du droit de naissance ? Avait-il donc foi en ce talisman, plus qu'en sa grande mission, qui était une autre légitimité !

Enfin, Louis XVIII, avec des expressions piquantes sur la vaine gloire et sur le véritable devoir, insinue, à son tour, à Napoléon de lui céder la place; cessions bien frêles des deux côtés ! Car la France, dès lors, n'était pas une simple matière à contrat entre deux prétendans. La révolution ne pouvait pas plus être transférée à Louis XVIII, que la légitimité à Napoléon. Ce dernier, devenu, soit protecteur, soit héritier de Coblentz, n'était plus qu'un Pichegru.

A quoi lui a servi la donation de l'Espagne, faite par le roi Charles IV, en bonne forme, et avec l'adhésion de toute sa lignée ?

On trouvera donc sa proposition à Louis XVIII hasardée trop légèrement, bien que politique en soi, et non sans générosité, après l'attentat de la machine infernale. Le fruit qu'il en a recueilli fut bien amer; car la réponse du roi est du 28 février 1803, et six mois après (23 août), Georges Cadoudal débarquait sur nos côtes, suivi de MM. de Polignac, de Rivière, etc., etc. Un prince Bourbon devait venir commander leur attaque contre le premier consul. Faut-il compter cela parmi les *anxiétés* auxquelles on trouvait à Varsovie que Napoléon était sujet?

Je ne puis me dispenser de rapporter ici ce que Napoléon m'a dit sur le sujet qui m'occupe. Appelé par lui à Saint-Cloud, quand la réponse du roi commençait à circuler dans le faubourg Saint-Germain, je lui demandai ce qu'il fallait en penser, soit pour la nier, si elle était apocryphe, soit pour la laisser tomber. Après un instant de silence, il répondit : « Ah ! oui, c'est cette pièce où Louis XVIII, qui n'a pas tiré l'épée, m'oppose Saint-Louis et François Ier, à moi qui ai vengé Saint-Louis des Mameloucks, et François Ier à Pavie!... Il vaut mieux n'en pas parler. » C'est dans cette même audience qu'il me dit : « La France supporterait encore dix comités de salut public; mais les Bourbons, elle les vomirait en trois mois... Je ne pouvais pas songer à les rappeler! »

Je terminerai par un trait du roi de Prusse, qui, après ses entrevues avec les Bourbons à Paris, en 1814, disait au général Laharpe : « Croiriez-vous que l'empereur Alexandre et moi nous en soyons encore à recevoir de ces princes un grand merci? Ce que nous avons fait pour eux est si peu de chose, apparemment! » Louis XVIII, si hautement prodigue de reconnaissance envers l'Angleterre, avait-il gardé mauvais souvenir de l'entremise et de l'éloquent plaidoyer de Frédéric-Guillaume pour l'abdication?

LE BARON DE KOLLI.

Deux noms supposés. — Projet d'enlèvement de Ferdinand, à Valençay. — Portrait du baron de Kolli. — Galanterie et dévotion. — La Trape. — Les Camaldules de la forêt de Sénart. — Kolli va en Angleterre. — Son retour. — Nuit du 14 au 15 mars 1810. — Preuves d'un projet important. — La police prend le change. — Pie VII. — Arrestation. — La boîte de fer. — Lettre autographe du roi Charles IV au roi d'Angleterre. — Apostille du marquis de Wellesley. — Faux passe-ports. — Fausse correspondance. — Timbres et cachets de nos ministères contrefaits à Londres. — Aveux. — Entretien de l'empereur et de Fouché à cette occasion. — Ils conviennent d'en tirer avantage contre le ministère anglais. — Leur plan. — Fouché écrit de Compiègne. — Copie de sa lettre.

Dans le tableau des faits concernant le séjour en France de la famille royale d'Espagne, je ne puis omettre la tentative du baron de Kolli, en 1810, pour enlever Ferdinand de Valençay, et le conduire en Espagne ; mais les détails multipliés de cette épisode m'obligent de la traiter à part.

Il y a de certains caractères décidés et aventureux, qu'une administration prévoyante ne doit pas manquer de prendre de bonne heure en considération, soit pour se préserver de leur action, soit pour les employer elles-mêmes dans la sphère de leurs facultés. Tel se montra à Paris, vers 1808, sous le nom d'abord d'Esterno, et plus tard de baron de Kolli, un jeune homme de figure et de manières distinguées, honoré des bontés de quelques dames et d'un curé de Paris, et livré à une vie de galanterie et de dévotion, celle-ci parut un jour prendre le dessus, et on le vit se rendre à la Trape, dans l'ancien couvent des Camaldules de la forêt de Sénart. S'il y avait dès lors un certain calcul dans cette démarche ou vocation, il faut croire que le curé, son directeur, y fut étranger. Peu de mois après, il passa à Anvers dans un autre couvent de trapistes, dont la règle plus sévère convenait mieux, nous écrivit-on, au zèle du jeune néophyte. De là, enfin, il prit son obédience pour l'Allemagne, d'où il passa à la sourdine en Angleterre. Alors la police n'en prit plus d'autre soin que pour être instruite de son retour à Paris si un jour il devait avoir lieu.

Il y reparut, en effet, la nuit du 14 au 15 mars 1810; l'on sut d'abord qu'il s'était fait débarquer à la baie de Quibéron, la nuit du 9; qu'il avait fait toute la route, jusqu'à Paris, à franc-étrier; qu'il était porteur de 200,000 francs environ, réalisés par lui à Londres, en diamans cousus dans ses habits. Il parlait d'achat de chevaux de main, et de louer une campagne; tout annonçait un projet important, que nous supposâmes être l'enlèvement du Pape à Savone. On ne pensa point d'abord au roi Ferdinand qui, alors, occupait beaucoup moins les esprits que Pie VII.

Le 17, il s'installa dans une maison, louée pour lui, à Vincennes. Pendant les premiers jours on lui laissa faire ses arrangemens; le 23, il essaya des chevaux, et le 24, quand on fut assuré que ses valeurs, ses papiers, et tout son bagage étaient dans le local, il y fut arrêté.

Une boîte en fer contenait tous les instrumens et les pièces dont on l'avait muni, à Londres, pour l'enlèvement de Ferdinand du château de Valençay. On va voir, par le détail de ces objets, que rien n'avait été négligé pour la réussite.

1° Une lettre autographe du roi Charles IV,

qui faisait part au roi d'Angleterre de son mariage lorsqu'il n'était encore que prince des Asturies. Le baron de Kolli était porteur de cette pièce au dos de laquelle était écrit à peu près ce qui suit :

« Le soussigné, maître secrétaire d'état, etc., atteste avoir délivré lui-même cette lettre au porteur comme le titre le plus authentique de sa mission auprès de S. M. le roi Ferdinand, et supplie S. M. C. d'avoir toute confiance dans les propositions et les soins dont est chargée ladite personne, etc., etc. Dowening Street, le... mars 1810, scellé et signé *marquis de Wellesley*.

2° Des papiers de passe-ports français fabriqués exprès avec le portrait de l'empereur dans la pâte. Toute la partie imprimée y était contrefaite, ainsi que les signatures des ministres et autres autorités. Les noms seuls et les signalemens restaient à remplir avec les dates.

3° Des feuilles de correspondance ministérielle, imprimées en tête et revêtues au bas de la signature blanc-seings qu'on devait remplir par les divers ordres qui seraient jugés nécessaires.

4° Des timbres et cachets de plusieurs de nos

ministères, entre autres de la police générale.

5° Les diamans, etc.

Le jeune émissaire n'entreprit point de dissimuler l'objet de sa mission, que constituait, outre les délits matériels de faux et de contrefaçons, une tentative de crime d'état contre le gouvernement français.

Dans l'entretien qui eut lieu sur ce sujet à Compiègne, entre l'empereur et son ministre, il leur vint à l'idée de donner suite à la mission, moins sans doute pour sonder Ferdinand, dont le refus n'était guère douteux, que pour tirer avantage de ce refus contre le ministère anglais. Tout le plan se trouve déduit dans la dépêche autographe du duc d'Otrante, qui me l'expédia par un courrier. L'adresse de sa main est *à M. Desmarest, chef de division à la police, très pressée, le ministre de la police.*

COPIE DE LA LETTRE AUTOGRAPHE.

« Aussitôt cette lettre reçue, vous réunirez toutes les pièces qui concernent l'affaire Kolli, et vous me ferez un rapport pour l'empereur sur cette affaire qui puisse être imprimé dans le *Moniteur*.

« Le baron de Kolli sera supposé avoir été à Valençay pour y remplir sa mission et y avoir été arrêté. On le croira facilement à Valençay, on le croira aussi à Paris ; ceux qui connaissent Kolli, et qui l'ont vu à Paris, pourront avoir quelque doute, mais ils imagineront qu'au lieu d'avoir été au secret à Vincennes, il a été envoyé à Valençay. Continuez le *secret le plus rigoureux à son égard*, c'est important.

« Le but de ce rapport est de persuader le ministère anglais que les princes de Valençay ne veulent avoir aucune communication avec les insurgés et qu'ils les regardent comme les ennemis de leur pays. Il sera même bien de faire les honneurs de cette arrestation à l'avis qu'ont donné les princes des propositions qui leur ont été faites par le baron de Kolli. On joindra à à la suite de ce rapport le détail de la fête que les princes ont donnée à l'occasion du mariage de sa majesté.

« Je pense que la lecture de ce rapport fera un bon effet en Europe *pour les affaires d'Espagne*. Il sera nécessaire de faire une lettre du gouverneur de Valençay et un interrogatoire de Kolli, subi à Valençay et à Vincennes, dans lequel il dira son nom, etc., et qui sera fait de la manière la plus propre à mystifier les Anglais.

« Je vous renouvelle l'ordre de tenir Kolli au secret le plus rigide, et de ne lui laisser ni encre ni papier. Occupez-vous sur-le-champ du rapport que je vous demande, ainsi que des interrogatoires, de la lettre du commandant, etc. Vous m'enverrez le tout avec les pièces pour être insérées dans le *Moniteur,* quand je les aurai communiquées à l'empereur. Le courrier que je vous dépêche a ordre d'attendre à Paris tout ce que je vous recommande dans cette lettre.

« Comptez sur mon affection,

« Le duc d'Otrante. »

Il fallut trouver un baron de Kolli, mais le plus difficile, ce fut de l'introduire nous-mêmes, le moins maladroitement possible, sous une forme de marchand, jusqu'à Ferdinand qui, après quelques emplettes, lui tourna le dos et le laissa là. Le faux Kolli revint à la charge, toujours aidé par le gouverneur. La persistance et le mystère qu'ils devaient y mettre, avec l'indifférence toute simple de Ferdinand, donnait à cette démarche un air gauche et embarrassé qui permit à peine au faux Kolli de balbutier peu de mots sur lesquels le prince coupa court. Je ne saurais affirmer, aujourd'hui, s'il a, je ne dirai pas compris, mais entendu quelque chose de ce que voulait lui insinuer le marchand. Dans mon opinion, sa prudence l'eût repoussé, lors même que l'autre aurait eu le temps de bien s'expliquer. Quoi qu'il en soit, cette tentative n'eut pas d'autre résultat.

FIN.

www.ingramcontent.com/pod-product-compliance
Lightning Source LLC
Chambersburg PA
CBHW050431170426
43201CB00008B/625